# पढ़ाई का जादूगर: ज्ञान की दुनिया का सफर

शोएब अहमद

Made with ♥ on the Notion Press Platform
www.notionpress.com

यह पुस्तक उन सभी बच्चों के नाम समर्पित है जो पढ़ाई को एक बोझ समझते हैं, लेकिन अपने भीतर ज्ञान की रोशनी जलाने की इच्छा रखते हैं। उन माता-पिता और शिक्षकों को भी, जो बच्चों की पढ़ाई को बोझ नहीं, बल्कि आनंदमय यात्रा बनाने का हर संभव प्रयास करते हैं। इस किताब के माध्यम से हम चाहते हैं कि हर बच्चा शिक्षा का असली अर्थ समझे और अपनी अद्वितीयता के साथ जीवन में आगे बढ़े।

# क्रम-सूची

# भूमिका

आज के समय में बच्चे पढ़ाई को अक्सर एक बोझ की तरह महसूस करते हैं। इसके पीछे कई कारण हो सकते हैं—पाठ्यक्रम की जटिलता, परीक्षा का डर, या फिर सही तरीके से पढ़ाई की समझ का अभाव। यह पुस्तक, पढ़ाई का जादूगरः ज्ञान की दुनिया का सफर बच्चों के इन्हीं अनुभवों और चुनौतियों को ध्यान में रखते हुए लिखी गई है।

इस कहानी के माध्यम से हमने यह प्रयास किया है कि बच्चे पढ़ाई को बोझ नहीं, बल्कि एक रोमांचक और मजेदार अनुभव की तरह देखें। इस पुस्तक का मुख्य पात्र आरव, हर उस बच्चे का प्रतीक है जो पढ़ाई से घबराता है, लेकिन भीतर से सीखने की इच्छा रखता है। उसकी यह यात्रा एक जादुई दुनिया से शुरू होती है, जहाँ ज्ञान बाबा उसे पढ़ाई के विभिन्न आसान और रोचक तरीके सिखाते हैं।

हर अध्याय में आरव की नई-नई चुनौतियाँ और उनके समाधान को इस तरह प्रस्तुत किया गया है कि बच्चे इससे आसानी से जुड़ सकें और पढ़ाई के प्रति उनका नजरिया बदल सके। पुस्तक के अंत में दिए गए छोटे-छोटे क्विज़ और मजेदार सवाल बच्चों को पढ़ाई के प्रति प्रेरित करने के साथ-साथ उनके आत्मविश्वास को भी बढ़ाएंगे।

इस पुस्तक का उद्देश्य न केवल बच्चों को अच्छे अंक लाने के लिए प्रेरित करना है, बल्कि उन्हें यह भी समझाना है कि शिक्षा का असली उद्देश्य ज्ञान प्राप्त करना और उसे अपने जीवन में उतारना है। हम चाहते हैं कि हर बच्चा यह महसूस करे कि पढ़ाई एक अनिवार्य कार्य नहीं, बल्कि एक रोमांचक यात्रा है, जिसे सही मार्गदर्शन और तरीकों से आनंदपूर्वक पूरा किया जा सकता है।

आइए, इस पुस्तक के माध्यम से हम सब मिलकर पढ़ाई को बच्चों के लिए आसान, रोचक और प्रेरणादायक बनाने की ओर एक कदम बढ़ाएं।

# 1

# सफर की शुरुआत



*"शिक्षा का उद्देश्य तथ्यों को सीखना नहीं है, बल्कि मन को सोचने की दिशा देना है।"*
— अल्बर्ट आइंस्टीन

आरव एक 10 साल का चंचल और जिज्ञासु बच्चा है, जो अपनी नटखट हरकतों और खेलकूद में खोया रहता है। वह अपने दोस्तों के साथ क्रिकेट, फुटबॉल और अन्य खेलों में इतना मस्त रहता है कि किताबों की ओर देखना भी उसे बोरियत भरा लगता है। स्कूल जाना और कक्षा में बैठना उसके लिए किसी सजा से कम नहीं है। उसे पढ़ाई करना बोझिल लगता है और जैसे ही कोई उससे किताब खोलने के लिए कहता है, उसके चेहरे की मुस्कान गायब हो जाती है।

आरव की माँ को उसकी यह आदत परेशान करती है। वे चाहती हैं कि उनका बेटा पढ़ाई में भी उतना ही मन लगाए जितना वह खेलकूद में लगाता है। आरव के पापा भी उसे समझाते हैं, "बेटा, पढ़ाई भी जरूरी है। खेलों में जितना मज़ा आता है, अगर पढ़ाई को भी खेल की तरह देखो तो इसमें भी मज़ा आने लगेगा।" लेकिन आरव उनकी बातों को हंसी में टाल देता है और कहता है, "पढ़ाई और मज़ा! ये तो कभी हो ही नहीं सकता, पापा।"

एक दिन, जब आरव स्कूल पहुंचा, तो वह पूरे उत्साह के साथ अपने दोस्तों से मिला। लेकिन क्लासरूम में प्रवेश करते ही उसकी ऊर्जा जैसे गायब हो गई। उसका मन बेचैन था, क्यूंकि आज मैथ्स की टेस्ट थी और उसने तैयारी नहीं की थी। जैसे ही माधवी मैम ने क्लास में प्रवेश किया, सब बच्चे अपनी-अपनी जगह पर बैठ गए। लेकिन आज माधवी मैम के चेहरे पर एक रहस्यमय मुस्कान थी। उन्होंने सभी बच्चों को ध्यान से देखा और फिर धीरे से कहा, "बच्चों, आज हम टेस्ट नहीं लेंगे।"

यह सुनते ही पूरे क्लास में खुशी की लहर दौड़ गई। हर बच्चा इस बात से खुश था कि आज उन्हें मैथ्स की टेस्ट से छुटकारा मिल गया। आरव भी मुस्कुरा उठा, लेकिन उसे यह समझ नहीं आया कि अचानक यह बदलाव कैसे आ गया। उसने उत्सुकता से अपने दोस्त सौरभ से पूछा, "यार, आज टेस्ट क्यों नहीं हो रही है?"

सौरभ ने कंधे उचकाते हुए कहा, "पता नहीं, शायद मैम का मूड अच्छा है।"

इतने में माधवी मैम ने सभी बच्चों को शांत होने के लिए कहा और कहा, "आज मैं आपको एक कहानी सुनाना चाहती हूँ। एक ऐसे लड़के की कहानी, जो पढ़ाई में बिल्कुल रुचि नहीं रखता था, लेकिन एक दिन वह पढ़ाई का जादूगर बन गया। क्या आप सुनना चाहेंगे?"

बच्चों ने एक सुर में हाँ कहा और मैम ने कहानी शुरू की, "बहुत समय पहले की बात है, एक छोटे से गाँव में अंशुल नाम का एक लड़का रहता था। अंशुल को खेलना बहुत पसंद था, लेकिन पढ़ाई से उसकी बिलकुल नहीं बनती थी। वह हमेशा बहाने बनाता था कि किताबों से दूर रह सके। एक दिन, जब वह उदास होकर अपने कमरे में बैठा था, उसकी दादी ने उसे एक जादुई किताब दी। उस किताब के पन्ने पलटते ही एक जादुई आदमी उसके सामने प्रकट हुआ, जिसे सब 'पढ़ाई का जादूगर' कहते थे।"

आरव और बाकी सभी बच्चे उत्सुकता से कहानी सुन रहे थे। माधवी मैम ने कहानी को और दिलचस्प बनाते हुए कहा, "उस जादूगर ने अंशुल को बताया कि पढ़ाई भी एक खेल की तरह हो सकती है। उसने अंशुल को कई ऐसी तकनीकें सिखाई, जिनसे वह पढ़ाई में मास्टर बन गया। अब

वह न केवल खेल में, बल्कि पढ़ाई में भी अव्वल था।"

माधवी मैम ने कहानी को रोचक तरीके से आगे बढ़ाते हुए बच्चों को समझाया कि अगर हम सही तरीके से पढ़ाई करें और उसे एक खेल की तरह समझें, तो यह भी उतनी ही मजेदार हो सकती है। बच्चों के चेहरे पर अब एक अलग ही चमक थी। आरव भी ध्यान से सुन रहा था और उसकी आँखों में जैसे एक नई उम्मीद जग गई थी।

कहानी के अंत में, माधवी मैम ने कहा, "तो बच्चों, क्या आप भी पढ़ाई का जादूगर बनना चाहेंगे?" सभी बच्चों ने उत्साहपूर्वक सिर हिलाया। आरव भी अब सोच में पड़ गया कि अगर अंशुल पढ़ाई का जादूगर बन सकता है, तो वह क्यों नहीं?

आरव ने हिचकिचाते हुए पूछा, "मैम, क्या मैं भी पढ़ाई का जादूगर बन सकता हूँ?"

माधवी मैम मुस्कुराई और बोलीं, "बिलकुल, आरव। बस तुम्हें कुछ नई आदतें अपनानी होंगी और सही तरीके से पढ़ाई करनी होगी। हम सब मिलकर इसे एक मजेदार सफर बना सकते हैं।"

आरव ने धीरे से पूछा, "क्या आप मुझे भी वो जादुई तकनीकें सिखाएँगी?"

माधवी मैम ने सिर हिलाते हुए कहा, "हां, आरव। आज से ही हम शुरुआत करेंगे।"

यह सुनकर आरव का चेहरा खिल उठा। उसे यकीन हो चला था कि अगर वह भी मेहनत करे और सही तरीके अपनाए, तो पढ़ाई के जादूगर बनने का सपना सच हो सकता है। इस तरह, उसकी 'सफर की शुरुआत' हो चुकी थी, और वह तैयार था पढ़ाई के जादूगर बनने के लिए।

## <u>अध्याय 1 से आपने क्या सीखा</u>
### क्विज़:

1. आरव को पढ़ाई में सबसे ज्यादा क्या पसंद नहीं था?

    a. गणित के सवाल
    b. इतिहास की कहानियाँ
    c. अपने दोस्तों से दूर रहना

2. माधवी मैम ने बच्चों को कौन-सी कहानी सुनाई?

    a. जंगल के राजा की कहानी
    b. पढ़ाई के जादूगर की कहानी
    c. अंतरिक्ष की सैर की कहानी

3. माधवी मैम की कहानी सुनने के बाद आरव ने क्या महसूस किया?

    a. उसे भूख लग रही थी
    b. उसे कहानी बहुत बोरिंग लगी
    c. उसे कहानी में बहुत दिलचस्पी आई

4. आरव को सबसे ज्यादा किस बात ने आकर्षित किया?

    a. दोस्तों का खेलना
    b. पढ़ाई में अच्छे अंक लाना
    c. पढ़ाई के जादूगर बनने का सपना

ॐ

### मस्ती भरे सवाल:

1. अगर तुम भी पढ़ाई के जादूगर बन सकते, तो सबसे पहले किस विषय में जादू दिखाते और कैसे? (सोचो कि गणित के सवाल जादू से अपने आप हल हो जाएँ या विज्ञान की किताब से जानवर बाहर आकर कहानी सुनाएँ!)

2. अगर तुम्हें एक जादुई छड़ी मिल जाए, जिससे तुम किसी एक विषय को बहुत ही मजेदार बना सको, तो वह कौन-सा विषय होगा और तुम उसमें कौन-कौन से बदलाव करोगे? (सोचो कि इतिहास की कहानियाँ फिल्मों की तरह क्लास में दिखें या अंग्रेजी के शब्द खुद-ब-खुद कविता बन जाएँ!)

3. अगर तुम्हें मौका मिले कि तुम माधवी मैम को कोई नई कहानी सुनाने के लिए कह सको, तो वह कहानी किस बारे में होगी? (क्या वह कहानी किसी महाशक्तिशाली सुपरहीरो की होगी, जो पढ़ाई में हर समस्या का हल कर सके?)

4. मान लो कि तुम्हारी किताब में एक जादू का पन्ना है, जो पढ़ते ही किसी जादुई दुनिया में ले जाता है। वह दुनिया कैसी होगी और वहाँ कौन-कौन से विषय जादू की तरह सिखाए जाएँगे? (सोचो कि गणित के फार्मूले पेड़ों पर उगते हों या विज्ञान के प्रयोग जादुई फूलों से होते हों!)

# 2

# ज्ञान बाबा का आगमन

*"ज्ञान प्राप्त करने का सबसे अच्छा तरीका यह है कि उसे दूसरों को समझाओ।"*

— सुकरात

आरव अब पहले से अधिक उत्सुक और प्रेरित महसूस कर रहा था। माधवी मैम की कहानी ने उसके मन में एक नई उम्मीद जगा दी थी। उसने सोच लिया था कि वह भी पढ़ाई में अच्छा करेगा। लेकिन जैसे ही वह घर पहुँचा और किताबें खोलीं, वह फिर से उलझन में पड़ गया। गणित के सवाल, विज्ञान के कठिन सिद्धांत, और इतिहास की तिथियाँ... ये सब उसके लिए पहाड़ जैसे लग रहे थे। उसने मन ही मन सोचा, "कहानी में सब कुछ कितना आसान लगता है, लेकिन असल में तो सबकुछ बहुत मुश्किल है।"

आरव की माँ ने उसे चिंतित देखा और पूछा, "क्या बात है बेटा? आज तो तुमने कहा था कि तुम पढ़ाई का जादूगर बनना चाहते हो, फिर यह उदासी क्यों?"

आरव ने जवाब दिया, "माँ, मुझे समझ में ही नहीं आता कि ये सब कैसे होगा। पढ़ाई के बारे में सोचते ही सब कुछ इतना कठिन लगने लगता है।"

माँ ने उसे प्यार से समझाया, "बेटा, शुरुआत हमेशा मुश्किल होती है। अगर तुम थोड़ी कोशिश करोगे, तो धीरे-धीरे सब आसान हो जाएगा।" लेकिन आरव को यह समझ नहीं आ रहा था कि वह कहाँ से और कैसे शुरुआत करे।

☙❧

अगले दिन, जब वह स्कूल पहुँचा, तो माधवी मैम ने उसे बुलाया और पूछा, "तो आरव, तैयार हो अपने सफर की शुरुआत करने के लिए?"

आरव ने सिर झुका कर कहा, "मैम, मैं कोशिश कर रहा हूँ, लेकिन मुझे समझ में नहीं आता कि कहाँ से शुरू करूँ। सबकुछ बहुत मुश्किल लगता है।"

माधवी मैम ने उसकी बात ध्यान से सुनी और फिर अलमारी से एक पुरानी, सुनहरे कवर वाली किताब निकाली। उन्होंने किताब को आरव की ओर बढ़ाते हुए कहा, "यह लो, यह किताब तुम्हारे लिए है। यह कोई साधारण किताब नहीं है, इसमें एक जादू है, जो तुम्हारी पढ़ाई को मजेदार बना सकता है।"

आरव ने आश्चर्य से किताब को देखा। उस पर बड़े-बड़े अक्षरों में लिखा था, "ज्ञान की चाबी"। उसने उत्सुकता से पूछा, "क्या इसमें सच में कोई जादू है, मैम?"

माधवी मैम मुस्कुराईं और बोलीं, "तुम खुद ही देख लो। इसे पढ़ो, और यह तुम्हें एक ऐसे सफर पर ले जाएगी, जहाँ हर विषय एक कहानी बन जाएगा। याद रखना, जादू किताब में नहीं, तुम्हारे अंदर है। इस किताब की मदद से तुम अपने अंदर के जादू को पहचान सकते हो।"

☙❧

घर आकर आरव ने खाने के बाद अपनी किताबें खोलीं, लेकिन उसका ध्यान बार-बार उस जादुई किताब पर जा रहा था। आखिरकार, उसने सारी किताबें बंद कीं और "ज्ञान की चाबी" को खोला। जैसे ही उसने पहला पन्ना पलटा, एक चमकीली रोशनी फैल गई और एक धीमी-धीमी आवाज़ गूंजने लगी। आरव ने ध्यान से देखा तो उसके सामने एक बूढ़ा,

सफेद दाढ़ी वाला, चमचमाते वस्त्र पहने व्यक्ति प्रकट हुआ। उसकी आँखों में असीम ज्ञान की चमक थी और चेहरे पर एक शांत मुस्कान।

आरव ने घबराकर पूछा, "आप कौन हैं?"

बूढ़े व्यक्ति ने मुस्कुराते हुए कहा, "मैं हूँ ज्ञान बाबा। मैं तुम्हारी मदद करने के लिए आया हूँ। मैंने सुना कि तुम पढ़ाई का जादूगर बनना चाहते हो।"

आरव आश्चर्यचकित होकर बोला, "क्या आप सच में मेरी मदद कर सकते हैं? मुझे पढ़ाई में बहुत कठिनाई होती है। मैं समझ नहीं पाता कि कहाँ से और कैसे शुरू करूँ।"

ज्ञान बाबा ने हंसते हुए कहा, "अरे बालक, हर विषय में एक दिलचस्प कहानी छुपी है। हमें बस उस कहानी को समझना है। चलो, आज से हम हर विषय को एक कहानी की तरह समझेंगे। किस विषय से शुरुआत करना चाहोगे?"

आरव ने कुछ सोचकर कहा, "गणित! मुझे गणित बहुत कठिन लगता है। मैं हमेशा उसके सवालों में उलझ जाता हूँ।"

ज्ञान बाबा ने अपनी छड़ी को हवा में घुमाया और अचानक ही एक जादुई दृश्य प्रकट हुआ। आरव ने देखा कि वह और ज्ञान बाबा एक बड़े से हरे-भरे मैदान में खड़े हैं। वहाँ चारों ओर पेड़ों पर संख्याएँ और चिन्ह लटके हुए थे। एक ओर, कुछ बच्चे बड़े-बड़े प्रश्नचिह्न उठाए हुए इधर-उधर भाग रहे थे।

ज्ञान बाबा ने मुस्कुराते हुए कहा, "यह है गणित की दुनिया। यहाँ हर समस्या का हल छुपा हुआ है, बस हमें सही तरीके से देखना आना चाहिए। देखो, यह है जोड़ और घटाव का पेड़। अगर तुम यहाँ की कहानियों को ध्यान से सुनोगे, तो तुम्हें हर सवाल का जवाब मिल जाएगा।"

आरव ने देखा कि पेड़ से दो बर्ड (पक्षी) नीचे आए और उन्होंने अपनी चोंच में कुछ फल पकड़े हुए थे। एक बर्ड ने 5 सेब गिराए और दूसरा बर्ड 3 सेब ले आया। बाबा ने पूछा, "बताओ आरव, अब कितने सेब हुए?"

आरव ने मुस्कुराते हुए कहा, "यह तो आसान है, बाबा। 5 और 3, कुल 8 सेब।"

ज्ञान बाबा ने सिर हिलाते हुए कहा, "बिलकुल सही! अब सोचो कि अगर हम हर सवाल को इसी तरह आसान बनाकर सोचें, तो क्या गणित से डर लगेगा?"

आरव ने सिर हिलाया और कहा, "नहीं बाबा, अब तो गणित मजेदार लग रहा है।"

बाबा ने आगे कहा, "हर विषय में एक कहानी होती है, बस हमें उसे ढूंढना और समझना आना चाहिए। विज्ञान में हर तत्व का एक अलग रहस्य है, इतिहास में हर घटना के पीछे एक दिलचस्प कारण है, और हिंदी में हर शब्द एक नए संसार का द्वार खोलता है। अगर तुम हर विषय को कहानी की तरह देखोगे, तो पढ़ाई कभी भी बोझ नहीं लगेगी।"

आरव ने धीरे से कहा, "तो क्या हर विषय की अपनी एक कहानी होती है?"

ज्ञान बाबा ने हंसते हुए कहा, "हाँ, आरव। और मैं तुम्हें हर विषय की कहानी सुनाऊंगा, बस तुम मन लगाकर सुनना और उसे समझने की कोशिश करना।"

आरव ने सिर हिलाते हुए कहा, "हाँ बाबा, मैं सुनूंगा। अब मुझे समझ में आने लगा है कि पढ़ाई इतनी बुरी भी नहीं है। अगर हम इसे एक खेल की तरह लें और हर सवाल को एक कहानी की तरह समझें, तो यह भी मजेदार हो सकता है।"

ज्ञान बाबा ने आरव के सिर पर हाथ रखा और कहा, "बिलकुल सही! यही सोच है जो तुम्हें पढ़ाई का जादूगर बनाएगी। हर विषय को एक खेल की तरह समझो, और हर सवाल को एक चुनौती की तरह। जल्द ही तुम हर मुश्किल को आसानी से हल कर सकोगे।"

आरव ने मुस्कुराते हुए कहा, "धन्यवाद, बाबा। अब मैं हर विषय की कहानी सुनना चाहता हूँ और पढ़ाई में मास्टर बनना चाहता हूँ।"

ज्ञान बाबा ने मुस्कुराते हुए कहा, "याद रखना, हर कहानी में एक सीख छुपी होती है। और हर सीख तुम्हें थोड़ा और मजबूत बनाएगी। अब चलो, हमारे सफर की शुरुआत करते हैं।"

इस तरह, आरव और ज्ञान बाबा ने मिलकर पढ़ाई की एक नई और रोचक यात्रा शुरू की, जहाँ हर विषय एक रोमांचक कहानी बनकर

उसके सामने आया। अब आरव की पढ़ाई का सफर मुश्किल नहीं, बल्कि मजेदार बन चुका था।

# <u>अध्याय 2 से आपने क्या सीखा</u>
## क्विज़:

1. माधवी मैम ने आरव को कौन-सी चीज़ दी जिससे ज्ञान बाबा प्रकट हुए?

   a. एक जादुई पेन
   b. एक जादुई किताब
   c. एक जादुई टोपी

2. ज्ञान बाबा ने आरव को क्या सिखाने का वादा किया?

   a. जादू के ट्रिक्स
   b. हर विषय को दिलचस्प बनाने का तरीका
   c. उड़ने की कला

3. ज्ञान बाबा ने आरव को क्या बताया?

   a. हर विषय के पीछे एक कठिन पहेली छिपी है
   b. हर विषय के पीछे एक दिलचस्प कहानी छिपी है
   c. हर विषय को छोड़कर खेलना चाहिए

4. ज्ञान बाबा का सबसे महत्वपूर्ण संदेश क्या था?

   a. खेलों पर ध्यान दो
   b. पढ़ाई को छोड़ दो
   c. हर विषय को समझने की कोशिश करो

☙

मस्ती भरे सवाल:

1. अगर तुम्हें भी एक जादुई किताब मिल जाए और उसमें से एक जादुई पात्र निकले, तो वह कैसा होगा? (क्या वह गणित के सवालों को चुटकियों में हल कर सकता है, या विज्ञान के प्रयोग को मजेदार बना सकता है?)

2. अगर ज्ञान बाबा तुम्हारे पास आएँ और तुम्हें कोई भी एक जादुई शक्ति दें, तो तुम कौन-सी शक्ति चुनोगे? (सोचो, जैसे बिना पढ़े ही सबकुछ याद हो जाना, किताब में घुसकर उसकी कहानियों को खुद अनुभव करना!)

3. मान लो कि हर विषय के पीछे एक कहानी छिपी है, तो तुम किस विषय की कौन-सी कहानी जानना चाहोगे? (क्या तुम्हें गणित के अंकों की दुनिया में जाना है, या इतिहास के राजाओं और रानियों की कहानियों में?)

4. अगर तुम ज्ञान बाबा से एक सवाल पूछ सकते, तो वह क्या होता? (क्या तुम उनसे पूछोगे कि परीक्षा में अच्छे अंक कैसे लाएँ या पढ़ाई को मजेदार कैसे बनाएँ?)

5. तुम्हें क्या लगता है, जादुई पात्र तुम्हारी पढ़ाई में कैसे मदद कर सकते हैं? (क्या वह तुम्हें कोई जादुई किताब देंगे, जिसमें हर विषय को समझने के लिए आसान तरीके होंगे?)

# 3

# पढ़ाई का सही तरीका

आरव अब पहले से अधिक आत्मविश्वास से भर गया था। ज्ञान बाबा के साथ बिताए कुछ ही दिनों में उसने गणित, विज्ञान और इतिहास जैसे विषयों को एक नए नज़रिए से देखना शुरू कर दिया था। उसे लगने लगा था कि पढ़ाई भी खेल की तरह दिलचस्प हो सकती है। लेकिन वह अभी भी असमंजस में था कि इतनी सारी किताबें, इतने सारे विषय, और हर विषय में इतने सारे अध्याय... आखिर इन सबको कैसे समझा जाए?

एक दिन, जब आरव पढ़ाई की इस नई दुनिया में खोया हुआ था, ज्ञान बाबा फिर से प्रकट हुए। उन्होंने देखा कि आरव अपनी किताबों के ढेर में उलझा हुआ था और चिंतित लग रहा था। बाबा ने मुस्कुराते हुए पूछा, "क्या हुआ, आरव? आज इतना परेशान क्यों हो?"

आरव ने भारी मन से कहा, "बाबा, मुझे समझ नहीं आता कि मैं इन सभी विषयों को कैसे पढ़ूँ। मैं पढ़ने की कोशिश तो कर रहा हूँ, लेकिन मुझे याद ही नहीं रहता। हर बार लगता है कि मैं कुछ भी नहीं समझ पा रहा हूँ। आप ही बताइए, मैं क्या करूँ?"

ज्ञान बाबा ने अपने चश्मे को ठीक करते हुए कहा, "पढ़ाई का जादूगर बनने के लिए सिर्फ उत्साह ही काफी नहीं है, तुम्हें पढ़ाई का सही तरीका

भी अपनाना होगा। अगर तुम सही तरीके से पढ़ाई करोगे, तो कोई भी विषय तुम्हारे लिए मुश्किल नहीं होगा। आज मैं तुम्हें पढ़ाई का सही तरीका सिखाऊंगा।"

1. विषयों को छोटे-छोटे भागों में बांटना: ज्ञान बाबा ने सबसे पहले आरव को एक सफेद कागज़ और पेंसिल दी और कहा, "सबसे पहले, तुम उन सभी विषयों की एक सूची बनाओ जो तुम्हें पढ़ने हैं। फिर, हर विषय को छोटे-छोटे हिस्सों में बाँटो। जैसे गणित में, जोड़-घटाव, गुणा-भाग, और ज्यामिति को अलग-अलग हिस्सों में बाँटो। इसी तरह, विज्ञान में भौतिकी, रसायन विज्ञान और जीवविज्ञान को अलग-अलग करो। ऐसा करने से तुम्हें यह समझ आएगा कि तुम्हें कहाँ से शुरू करना है और किस पर ध्यान देना है।"

आरव ने ध्यानपूर्वक ऐसा ही किया। उसने हर विषय को अलग-अलग छोटे-छोटे हिस्सों में बाँट दिया और देखा कि अब उसे हर विषय का कोई न कोई हिस्सा तो आता ही था। बाबा ने समझाया, "जब भी तुम किसी बड़े काम को छोटे-छोटे हिस्सों में बाँटते हो, तो वह काम आसान हो जाता है। यही नियम पढ़ाई पर भी लागू होता है।"

2. समय प्रबंधन: इसके बाद, ज्ञान बाबा ने एक घड़ी निकाली और कहा, "अब, तुम्हें समय का प्रबंधन करना सीखना होगा। यह देखो, यह है 'समय की चाबी'। इससे तुम जान पाओगे कि तुम्हें किस विषय पर कितना समय देना है।"

उन्होंने समझाया, "हर दिन की पढ़ाई को तीन हिस्सों में बाँटो - सुबह, दोपहर और शाम। हर हिस्से में एक अलग विषय को पढ़ो। सुबह का समय, जब तुम्हारा मन और दिमाग ताजगी से भरा होता है, उसे कठिन विषयों के लिए रखो, जैसे गणित या विज्ञान। दोपहर में, हल्के और रोचक विषयों को पढ़ो, जैसे इतिहास या हिंदी। और शाम को, उन विषयों का रिवीजन करो जो तुमने सुबह और दोपहर में पढ़े हैं।"

आरव ने बाबा की बातों को ध्यान से सुना और फिर उनसे पूछा, "बाबा, अगर मैं किसी दिन यह सब नहीं कर पाया तो?"

ज्ञान बाबा ने हंसते हुए कहा, "कोई बात नहीं, बेटा। कभी-कभी सब कुछ योजना के अनुसार नहीं होता। लेकिन हर दिन की शुरुआत नई

होती है। बस, हार मत मानना और अगले दिन फिर से शुरू करना। समय को सही तरीके से बांटोगे, तो पढ़ाई आसान हो जाएगी।"

**3. रिवीजन के महत्व पर चर्चा:** फिर बाबा ने एक पुरानी किताब खोली और उसमें से एक जादुई पेंसिल निकाली। उन्होंने आरव को वह पेंसिल देते हुए कहा, "यह है 'रिवीजन की पेंसिल'। यह तुम्हें याद दिलाएगी कि हर दिन जो भी तुमने पढ़ा है, उसका रिवीजन करना कितना जरूरी है।"

आरव ने पेंसिल को ध्यान से देखा और पूछा, "बाबा, रिवीजन क्यों जरूरी है?"

बाबा ने पेंसिल को हिलाते हुए कहा, "रिवीजन मतलब है यादों को ताज़ा करना। जब तुम कुछ नया सीखते हो, तो वह तुम्हारे दिमाग में कहीं न कहीं बैठ जाता है। लेकिन अगर तुम उसे बार-बार नहीं देखोगे, तो वह धीरे-धीरे धुंधला हो जाएगा। जैसे अगर तुम कोई खेल खेलने की प्रैक्टिस नहीं करोगे, तो धीरे-धीरे उसमें अच्छे नहीं रह पाओगे। वैसे ही, पढ़ाई में भी अगर रिवीजन नहीं करोगे, तो जो भी सीखा है, वह भूल जाओगे।"

आरव ने सिर हिलाते हुए कहा, "समझ गया, बाबा। अब मैं हर दिन जो भी पढ़ूंगा, उसका रिवीजन जरूर करूंगा।"

बाबा ने मुस्कुराते हुए कहा, "यही तो समझदारी है, बेटा। अगर तुम रोजाना थोड़ा-थोड़ा रिवीजन करोगे, तो तुम्हें परीक्षा के समय सब कुछ याद रहेगा और तुम्हें पढ़ाई का मास्टर बनने से कोई नहीं रोक सकता।"

৩৩

आरव अब समझ चुका था कि पढ़ाई में मेहनत के साथ-साथ सही तरीके का होना भी कितना जरूरी है। उसने फैसला कर लिया था कि वह ज्ञान बाबा की बताई हुई हर तकनीक का पालन करेगा। उसने हर विषय को छोटे-छोटे हिस्सों में बाँट दिया, समय का प्रबंधन करना सीख लिया और हर दिन रिवीजन करने की आदत भी डाल ली।

आरव ने अपनी माँ को गर्व से बताया कि अब वह पढ़ाई का मास्टर बनने की राह पर है। माँ ने उसे गले लगाते हुए कहा, "मुझे पता था

कि तुम कर सकते हो, बेटा। मेहनत और सही तरीके से कोई भी चीज़ मुश्किल नहीं होती।"

आरव ने अब यह समझ लिया था कि पढ़ाई का जादू सिर्फ किताबों में नहीं, बल्कि उसे समझने और अपनाने के सही तरीके में है। वह अब हर दिन नई ऊर्जा के साथ पढ़ाई करने लगा और धीरे-धीरे पढ़ाई उसके लिए एक रोमांचक सफर बन गई। अब उसे यकीन हो गया था कि वह सचमुच 'पढ़ाई का मास्टर' बन सकता है।

## <u>अध्याय 3 से आपने क्या सीखा</u>
### क्विज़:

1. पढ़ाई को आसान बनाने के लिए ज्ञान बाबा ने आरव को क्या करने की सलाह दी?

    a. सिर्फ खेलना
    b. हर विषय को छोटे-छोटे भागों में बाँटना
    c. सिर्फ याद करना

2. ज्ञान बाबा ने समय प्रबंधन के महत्व को समझाने के लिए क्या बताया?

    a. हर समय खेलना चाहिए
    b. हर काम का एक समय निर्धारित होना चाहिए
    c. कभी समय की चिंता नहीं करनी चाहिए

3. पढ़ाई में नियमित रिवीजन क्यों ज़रूरी है?

    a. ताकि हमें सबकुछ रटने की ज़रूरत न पड़े
    b. ताकि हम सिर्फ एक बार पढ़ें और भूल जाएँ
    c. ताकि हम कभी भी रिवीजन न करें

4. आरव को पढ़ाई का मास्टर बनने के लिए सबसे पहले क्या करना होगा?

    a. रोज़ाना पढ़ाई के लिए एक निश्चित समय निर्धारित करना
    b. केवल परीक्षा के समय पढ़ाई करना
    c. सिर्फ खेलों पर ध्यान देना

ᴄᴖᴑ

## मस्ती भरे सवाल:

1. अगर तुम्हें भी हर विषय को छोटे-छोटे भागों में बाँटना हो, तो तुम अपने पसंदीदा विषय को कैसे बाँटोगे? (जैसे गणित को अंकों, आकारों, और पहेलियों में या फिर विज्ञान को जानवरों, पौधों, और आविष्कारों में!)

2. तुम्हारे हिसाब से समय प्रबंधन का सबसे अच्छा तरीका क्या है? (क्या तुम पढ़ाई के बीच-बीच में ब्रेक लेकर खेलोगे, या फिर एक ही बार में सब पढ़ाई पूरी कर लोगे?)

3. रिवीजन के लिए तुम्हारा पसंदीदा तरीका क्या है? (क्या तुम नोट्स बनाना पसंद करते हो, फ्लैश कार्ड्स से याद करना, या दोस्तों के साथ चर्चा करना?)

4. मान लो कि तुम्हें एक जादुई टाइम-टेबल मिल जाए, जो हर काम के लिए सबसे सही समय बताता है। तुम उस टाइम-टेबल में अपने दिन को कैसे विभाजित करोगे? (सोचो कि सुबह पढ़ाई के लिए, दोपहर खेल के लिए, और शाम को मस्ती के लिए!)

5. अगर तुम्हारे पास पढ़ाई के लिए एक जादुई मंत्र होता, तो वह क्या होता? (जैसे "आओ पढ़ाई, बनो मेरी साथी" या "ज्ञान का सागर, आए मेरे अंदर!")

# 4

# समझदारी से याद करना

"अच्छी शिक्षा वह है जो जानकारी को स्मृति में डालने की बजाय समझने में मदद करे।"
— आर. डब्ल्यू. एमर्सन

आरव अब पढ़ाई में नियमित हो गया था। वह विषयों को छोटे-छोटे भागों में बांटकर पढ़ता, समय का प्रबंधन करता और रोज़ाना रिवीजन भी करता था। लेकिन अभी भी गणित और विज्ञान जैसे विषयों में उसे कठिनाई महसूस होती थी। वह अक्सर इन विषयों के कठिन सिद्धांतों और फार्मूलों को याद करते हुए उलझन में पड़ जाता था।

एक दिन, उसने देखा कि उसकी गणित की कॉपी में कई सारे सवाल अधूरे रह गए थे। विज्ञान की किताब में भी, उसने कुछ कठिन अध्याय छोड़ दिए थे। आरव को यह देखकर निराशा हुई और उसने सोचा, "मैं कितना भी कोशिश कर लूँ, ये कठिन विषय मुझे समझ में ही नहीं आते।"

उसने मन ही मन निर्णय किया कि वह ज्ञान बाबा से मिलकर इस समस्या का हल पूछेगा। उसने जादुई किताब खोली और धीरे से कहा, "ज्ञान बाबा, कृपया मेरी मदद कीजिए।"

कुछ ही पलों में, एक सुनहरी रोशनी फैल गई और ज्ञान बाबा प्रकट हुए। उन्होंने देखा कि आरव के चेहरे पर चिंता की लकीरें थीं। बाबा ने प्यार से पूछा, "क्या बात है, बेटा? आज फिर से परेशान लग रहे हो।"

आरव ने गहरी सांस लेते हुए कहा, "बाबा, मैं पढ़ने की पूरी कोशिश करता हूँ, लेकिन गणित और विज्ञान जैसे कठिन विषयों को समझ नहीं पाता। मुझे ये सब याद ही नहीं होता। फार्मूले और सिद्धांत इतने कठिन होते हैं कि मैं घबरा जाता हूँ। आप ही बताइए, मैं क्या करूँ?"

ज्ञान बाबा ने हंसते हुए कहा, "अरे बालक, चिंता मत करो। हर समस्या का हल होता है। तुम अकेले नहीं हो, बहुत सारे बच्चे गणित और विज्ञान को समझने में कठिनाई महसूस करते हैं। लेकिन चिंता की कोई बात नहीं। मैं तुम्हें कुछ मजेदार तकनीकें सिखाऊँगा, जिनसे तुम्हारी याद करने की क्षमता बढ़ जाएगी और पढ़ाई का यह सफर और भी रोचक बन जाएगा।"

1. माईंड मैप्स (Mind Maps): ज्ञान बाबा ने अपनी जादुई छड़ी को घुमाया और सामने एक बड़ा सफेद बोर्ड प्रकट हो गया। उन्होंने आरव को एक मार्कर पकड़ा कर कहा, "माईंड मैप्स बनाना सीखो। यह एक ऐसा तरीका है, जिसमें तुम किसी भी विषय को चित्रों और शब्दों की मदद से आसानी से समझ सकते हो।"

बाबा ने बोर्ड पर एक वृक्ष की आकृति बनाई और बताया, "मान लो कि यह गणित है। इसके तने से कई शाखाएँ निकल रही हैं। हर शाखा एक अलग विषय को दर्शाती है - जैसे जोड़, घटाव, गुणा, भाग, और ज्यामिति। अब हर शाखा की छोटी-छोटी शाखाएँ बनाओ, जिन पर तुम उन विषयों के छोटे-छोटे टॉपिक्स लिख सकते हो।"

आरव ने बड़े ध्यान से एक माईंड मैप बनाया। उसने गणित के हर हिस्से को एक चित्र के रूप में देखा, जो उसे जल्दी से समझ में आ गया। बाबा ने बताया, "जब भी तुम किसी विषय को समझने में कठिनाई महसूस करो, तो उसे माईंड मैप की मदद से समझो। यह तुम्हारे दिमाग में एक स्पष्ट चित्र बना देगा और तुम्हें चीज़ों को जल्दी याद रखने में मदद करेगा।"

**2. फ्लैश कार्ड्स (Flash Cards):** इसके बाद, ज्ञान बाबा ने हवा में एक पेंसिल घुमाई और बहुत सारे छोटे-छोटे कार्ड्स प्रकट हो गए। उन्होंने आरव को एक कार्ड पकड़ाया और कहा, "यह है फ्लैश कार्ड। इसमें एक तरफ तुम कोई भी सवाल या कठिन शब्द लिख सकते हो, और दूसरी तरफ उसका जवाब। यह एक बहुत ही मजेदार तरीका है पढ़ाई करने का।"

उन्होंने उदाहरण देकर समझाया, "मान लो कि तुम गणित के किसी फार्मूले को याद करना चाहते हो। जैसे $a^2 + b^2 = c^2$ का मतलब क्या होता है? एक तरफ यह फार्मूला लिखो, और दूसरी तरफ इसका अर्थ - 'पाइथागोरस का प्रमेय'। इसी तरह, विज्ञान में किसी तत्व का नाम एक तरफ और उसका परमाणु क्रमांक दूसरी तरफ लिखो।"

आरव ने कुछ फ्लैश कार्ड्स बनाए और बाबा के साथ खेलते हुए उन्हें याद करने लगा। बाबा ने कहा, "फ्लैश कार्ड्स का सबसे अच्छा तरीका है कि तुम खुद से सवाल पूछो और जवाब देने की कोशिश करो। इससे तुम्हारी याददाश्त मजबूत होगी और तुम हर सवाल का जवाब तुरंत दे सकोगे।"

(नोट: उदहारण के लिए माइंड मैप व फ्लैश कार्ड इस पुस्तक के अंत में दिए गए है |)

**3. कहानी के माध्यम से याद करना:** ज्ञान बाबा ने एक झोला निकाला और उसमें से एक किताब निकाली। उन्होंने मुस्कुराते हुए कहा, "यहाँ मैं तुम्हें एक और तरीका सिखाता हूँ, जिससे कठिन से कठिन विषय भी तुम्हें आसानी से याद रहेंगे - कहानी के माध्यम से याद करना।"

उन्होंने एक कहानी सुनानी शुरू की, "एक समय की बात है, एक गाँव में तीन दोस्त रहते थे - अर्णव, बलराम और चंद्र। तीनों मिलकर गाँव के सबसे ऊँचे पहाड़ पर चढ़ना चाहते थे, लेकिन पहाड़ बहुत ऊँचा था। उन्हें एक जादुई सूत्र मिला - $a^2 + b^2 = c^2$ , जिससे वे अपनी मंज़िल तक पहुँच सकते थे। यह सूत्र ही उनकी ताकत थी, जिससे उन्होंने पहाड़ की ऊँचाई $(c)$ को मापा और सही-सलामत चोटी पर पहुँच गए।"

आरव ने आश्चर्य से पूछा, "बाबा, यह तो वही पाइथागोरस का प्रमेय है! आपने इसे कहानी की तरह बताया, और अब यह मुझे कभी नहीं भूलेगा।"

ज्ञान बाबा ने हंसते हुए कहा, "बिलकुल सही! जब भी तुम किसी कठिन विषय को याद करना चाहो, तो उसे एक कहानी की तरह सोचो। जैसे गणित के फार्मूलों को, विज्ञान के तत्वों को या इतिहास की तिथियों को। कहानी की तरह सोचोगे, तो कभी नहीं भूलोगे।"

♾

आरव ने ज्ञान बाबा की सारी तकनीकें ध्यान से सुनीं और समझीं। उसने माईंड मैप्स बनाना, फ्लैश कार्ड्स तैयार करना और कहानियों के माध्यम से याद करने की कोशिश की। उसने देखा कि अब उसे गणित के फार्मूले और विज्ञान के सिद्धांत जल्दी याद होने लगे थे।

उसे अब समझ में आ गया था कि सिर्फ रटने से कुछ हासिल नहीं होता, समझदारी से पढ़ाई करने के लिए नई-नई तकनीकों का इस्तेमाल करना चाहिए।

आरव ने अपनी नई सीखी हुई तकनीकों का उपयोग करके धीरे-धीरे गणित और विज्ञान के कठिन सवालों को आसानी से हल करना शुरू कर दिया। वह अब पहले से अधिक आत्मविश्वास से भरा हुआ था। उसने समझ लिया था कि पढ़ाई सिर्फ रटने का खेल नहीं, बल्कि समझने और याद करने की कला है।

अब आरव हर दिन नई-नई तकनीकों से पढ़ाई करता, कहानियों की मदद से हर सवाल को हल करता और फ्लैश कार्ड्स से अपनी याददाश्त को मजबूत करता। उसकी माँ और शिक्षक भी उसकी प्रगति देखकर खुश थे। आरव ने खुद को साबित कर दिया था कि समझदारी और मेहनत से कोई भी कठिनाई दूर की जा सकती है।

ज्ञान बाबा ने मुस्कुराते हुए कहा, "तुमने बहुत अच्छा किया, आरव। अगर तुम इसी तरह मेहनत करते रहे और समझदारी से पढ़ाई की तकनीकें अपनाते रहे, तो तुम एक दिन जरूर पढ़ाई का मास्टर बन जाओगे।"

आरव ने सिर हिलाते हुए कहा, "धन्यवाद, बाबा। अब मुझे यकीन हो गया है कि कोई भी विषय कठिन नहीं होता, बस उसे समझने का तरीका सही होना चाहिए।"

ज्ञान बाबा ने आशीर्वाद देते हुए कहा, "यही तो असली जादू है, बेटा। ज्ञान को समझने और उसे सही तरीके से इस्तेमाल करने का जादू। और अब तुम इस जादू को समझ गए हो।"

इस तरह, आरव ने समझदारी से याद करने की कला को अपनाकर पढ़ाई को अपने लिए एक नया रोमांचक सफर बना लिया। अब उसे हर विषय एक नई कहानी की तरह लगने लगा, जिसे समझने और याद करने में उसे मजा आने लगा था।

## <u>अध्याय 4 से आपने क्या सीखा</u>
### क्विज़:

1. आरव को सबसे ज्यादा कठिनाई किस विषय में महसूस होती थी?

   a. इतिहास
   b. गणित और विज्ञान
   c. अंग्रेज़ी

2. ज्ञान बाबा ने आरव को याद करने के लिए कौन-सी मजेदार तकनीक सिखाई?

   a. बिना पढ़े सब कुछ याद रखना
   b. माईंड मैप्स, फ्लैश कार्ड्स, और कहानी के माध्यम से याद करना
   c. केवल रटकर याद करना

3. माईंड मैप्स किसके लिए सबसे अच्छे होते हैं?

   a. लंबी कविताएँ याद करने के लिए
   b. कठिन तथ्यों और विचारों को व्यवस्थित और समझने के लिए
   c. सिर्फ खेलों की रणनीति बनाने के लिए

4. आरव ने फ्लैश कार्ड्स का उपयोग क्यों किया?

   a. खेलने के लिए
   b. कठिन शब्दों और फॉर्मूलों को आसानी से याद करने के लिए
   c. चित्र बनाने के लिए

### मस्ती भरे सवाल:

1. अगर तुम्हें अपनी पसंदीदा कहानी का उपयोग करके किसी विषय को याद करना हो, तो वह कौन-सी कहानी होगी और किस विषय में मदद करेगी? (जैसे रामायण का उपयोग करके इतिहास को याद करना या सिंड्रेला की कहानी से गणित के सवाल सुलझाना!)

2. मान लो कि तुम माईंड मैप्स का इस्तेमाल करके किसी विषय को मजेदार बनाना चाहते हो, तो तुम कौन-सा विषय चुनोगे और उसमें कौन-कौन सी शाखाएँ जोड़ोगे? (जैसे विज्ञान में जानवर, पौधे, और आविष्कार या गणित में जोड़, घटाना, और गुणा!)

3. अगर तुम्हें अपनी खुद की फ्लैश काइर्स बनानी हो, तो तुम किस विषय के लिए बनाओगे और उसमें क्या-क्या लिखोगे? (जैसे गणित में गुणा के सवाल या विज्ञान में तत्वों के नाम और उनके गुण!)

4. सोचो कि तुम्हारे पास एक जादुई कहानी वाली किताब है, जिससे हर बार एक नई कहानी निकलती है। वह कहानी किस विषय की होगी और वह कहानी कैसे उस विषय को पढ़ने में मदद करेगी? (जैसे गणित की कहानी में नंबर किरदार बन जाएँ या इतिहास की कहानी में पात्र समय यात्रा करें!)

5. अगर तुम एक मस्ती भरा खेल बनाना चाहो, जो पढ़ाई को मजेदार बना सके, तो वह खेल कैसा होगा? (सोचो कि खेल में फ्लैश काइर्स से प्रश्न पूछे जाएँ या माईंड मैप्स के हिस्सों को जोड़कर पहेली सुलझानी पड़े!)

# 5

# ध्यान और एकाग्रता

*"जब आप किसी कार्य में पूरी तरह से डूब जाते हैं, तो वही एकाग्रता आपको असाधारण बना देती है।"*

*— ब्रूस ली*

आरव की पढ़ाई में रुचि बढ़ चुकी थी, लेकिन उसे एक समस्या का सामना करना पड़ रहा था - उसका ध्यान बहुत जल्दी भटक जाता था। वह जब भी किताबें लेकर बैठता, कुछ देर बाद ही उसे आस-पास की चीज़ें आकर्षित करने लगतीं। कभी वह खिड़की के बाहर पक्षियों को देखता, तो कभी कमरे की दीवार पर बनी छायाओं से खेलता।

आरव को समझ नहीं आ रहा था कि वह कैसे अपने मन को एक जगह केंद्रित रखे। वह जितना ध्यान लगाने की कोशिश करता, उतना ही उसका ध्यान भटक जाता। उसने सोचा, "अगर मैं ध्यान नहीं लगा पाऊँगा, तो पढ़ाई कैसे कर पाऊँगा? यह तो बहुत बड़ी समस्या है।"

इस उलझन के साथ, वह फिर से अपनी जादुई किताब के पास गया और उसे खोला। धीरे-धीरे उसने पन्ने पलटे और कहा, "ज्ञान बाबा, मुझे आपकी मदद चाहिए।"

कुछ ही पलों में, कमरे में हल्की रोशनी फैल गई और ज्ञान बाबा प्रकट हुए। उन्होंने देखा कि आरव के चेहरे पर चिंता और उलझन के भाव थे। बाबा ने मुस्कुराते हुए पूछा, "क्या बात है, आरव? आज फिर से परेशान लग रहे हो। क्या किसी विषय में कठिनाई हो रही है?"

आरव ने सिर हिलाते हुए कहा, "नहीं बाबा, पढ़ाई में अब पहले से बेहतर हूँ। आपने जो तकनीकें सिखाई थीं, उनसे मुझे बहुत मदद मिली। लेकिन अब एक और समस्या है। मेरा ध्यान बहुत जल्दी भटक जाता है। जब भी मैं पढ़ने बैठता हूँ, कुछ ही देर में मेरा मन इधर-उधर भटकने लगता है। मैं क्या करूँ?"

ज्ञान बाबा ने समझदारी भरी मुस्कान के साथ कहा, "यह समस्या सिर्फ तुम्हारी नहीं है, आरव। बहुत सारे बच्चों और बड़ों को भी ध्यान केंद्रित करने में कठिनाई होती है। लेकिन चिंता मत करो, मैं तुम्हें कुछ सरल तकनीकें सिखाऊँगा, जिससे तुम्हारा ध्यान और एकाग्रता बढ़ जाएगी।"

## 1. ध्यान (मेडिटेशन) की शक्ति:

ज्ञान बाबा ने आरव को एक आरामदायक स्थिति में बैठने को कहा। उन्होंने कहा, "सबसे पहले, हम ध्यान यानी मेडिटेशन करेंगे। इससे तुम्हारा मन शांत होगा और तुम्हें ध्यान केंद्रित करने में मदद मिलेगी।"

उन्होंने आरव से कहा, "अपनी आँखें बंद करो और गहरी सांस लो। अब धीरे-धीरे सांस छोड़ो। अपनी साँसों को महसूस करो, जैसे वे तुम्हारे शरीर के अंदर और बाहर जा रही हैं। कुछ भी मत सोचो, सिर्फ अपनी सांसों पर ध्यान केंद्रित करो।"

आरव ने बाबा की बात मानी और धीरे-धीरे गहरी सांस लेने और छोड़ने लगा। कुछ समय बाद उसने महसूस किया कि उसका मन शांत हो रहा है और ध्यान केंद्रित हो रहा है। उसकी बेचैनी कम हो रही थी और वह खुद को हल्का महसूस कर रहा था।

ज्ञान बाबा ने कहा, "जब भी तुम्हारा मन भटकने लगे, तो ऐसे ही 5 से 10 मिनट तक मेडिटेशन करो। इससे तुम्हारा मन शांत होगा और ध्यान एक जगह केंद्रित रहेगा।"

आरव ने आंखें खोलते हुए कहा, "बाबा, यह तो सच में अद्भुत है! मेरा मन सच में बहुत हल्का महसूस कर रहा है।"

## 2. ब्रेक्स लेने की विधि:

इसके बाद ज्ञान बाबा ने आरव को पढ़ाई के दौरान ब्रेक्स लेने का महत्व समझाया। उन्होंने कहा, "लंबे समय तक एक ही चीज़ पर ध्यान

केंद्रित करना भी मुश्किल हो सकता है। इसलिए, हर 25-30 मिनट की पढ़ाई के बाद 5-10 मिनट का ब्रेक लो। इस ब्रेक में तुम थोड़ा टहल सकते हो, पानी पी सकते हो या गहरी साँस ले सकते हो। इससे तुम्हारा दिमाग फिर से तरोताज़ा हो जाएगा और तुम्हें नए उत्साह के साथ पढ़ाई करने में मदद मिलेगी।"

उन्होंने इसे समझाने के लिए एक उदाहरण दिया, "मान लो कि तुम्हारा दिमाग एक गाड़ी की तरह है। अगर गाड़ी लगातार चलती रहेगी, तो उसका इंजन गरम हो जाएगा और वह रुक जाएगी। लेकिन अगर बीच-बीच में तुम गाड़ी को थोड़ी देर के लिए रोककर आराम दोगे, तो वह फिर से तेज़ी से चल पाएगी।"

आरव ने उत्सुकता से पूछा, "तो बाबा, मुझे हर 25-30 मिनट बाद थोड़ा ब्रेक लेना चाहिए?"

ज्ञान बाबा ने सिर हिलाते हुए कहा, "हाँ, बिल्कुल! यह तुम्हारे दिमाग को आराम देगा और ध्यान को बढ़ाएगा। याद रखो, लगातार पढ़ने से भी ध्यान भटकता है, इसलिए थोड़ी-थोड़ी देर में ब्रेक लेना ज़रूरी है।"

3. ध्यान केंद्रित करने के अन्य उपाय:

इसके बाद, बाबा ने आरव को कुछ और उपाय भी बताए:

- **एक समय में एक ही काम:** बाबा ने कहा, "जब तुम पढ़ाई कर रहे हो, तो सिर्फ पढ़ाई पर ध्यान दो। उस समय खेल, दोस्तों की बातें या मोबाइल से दूर रहो। एक समय में सिर्फ एक ही काम करो।"

- **पढ़ाई का स्थान:** उन्होंने समझाया, "पढ़ाई के लिए एक शांत और आरामदायक जगह चुनो। वहाँ कम शोर हो और वहाँ पर कोई ऐसी चीज़ न हो जो तुम्हारा ध्यान भटका सके। जैसे - टीवी, मोबाइल, या अन्य खिलौने।"

- **लक्ष्य निर्धारित करना:** बाबा ने कहा, "हर दिन के लिए एक छोटा लक्ष्य बनाओ। जैसे - आज मुझे एक अध्याय पूरा करना है या दस सवाल हल करने हैं। छोटे-छोटे लक्ष्य बनाने से तुम अपने काम पर ध्यान केंद्रित रख पाओगे।"

☙❧

आरव ने ज्ञान बाबा की सारी बातें ध्यान से सुनीं और उन्हें अपने जीवन में लागू करने का निश्चय किया। उसने ध्यान करना शुरू किया और महसूस किया कि उसका मन अब पहले से ज्यादा शांत रहता है। पढ़ाई के दौरान उसने छोटे-छोटे ब्रेक्स लेने शुरू किए, जिससे उसकी एकाग्रता भी बढ़ गई।

अब जब भी उसका ध्यान भटकता, वह गहरी साँस लेकर कुछ पल मेडिटेशन करता और फिर से पढ़ाई में जुट जाता। उसने महसूस किया कि अब उसे चीज़ें जल्दी समझ में आने लगी हैं और वह पहले से अधिक समय तक पढ़ाई कर पाता है।

आरव ने ध्यान और एकाग्रता की शक्ति को समझ लिया था। उसने महसूस किया कि पढ़ाई में सफल होने के लिए सिर्फ मेहनत करना ही काफी नहीं है, बल्कि मन को शांत रखना और ध्यान केंद्रित करना भी जरूरी है।

उसने मेडिटेशन और ब्रेक्स को अपनी दिनचर्या का हिस्सा बना लिया। अब वह हर विषय को ध्यान से पढ़ता और समझता। उसकी पढ़ाई में भी सुधार आने लगा और उसके शिक्षक और माता-पिता उसकी इस प्रगति से बहुत खुश थे।

☙❧

ज्ञान बाबा ने आरव की प्रगति देखकर कहा, "तुमने बहुत अच्छा किया, आरव। तुमने ध्यान और एकाग्रता की शक्ति को समझ लिया है। अगर तुम इसी तरह मेहनत करते रहे, तो तुम अपने लक्ष्य को जरूर प्राप्त करोगे।"

आरव ने मुस्कुराते हुए कहा, "धन्यवाद, बाबा। अब मुझे समझ आ गया है कि पढ़ाई में सफलता पाने के लिए मन की शांति और ध्यान केंद्रित करना कितना जरूरी है।"

इस तरह, आरव ने ध्यान और एकाग्रता की कला को सीखकर अपने जीवन को एक नई दिशा दी। वह अब एक खुशहाल और आत्मविश्वास

से भरा हुआ बच्चा बन गया था, जो हर दिन नई-नई चीजें सीखने के लिए उत्सुक रहता था।

## <u>अध्याय 5 से आपने क्या सीखा</u>
## क्विज़:

1. आरव का सबसे बड़ा समस्या क्या थी, जिसकी वजह से वह ध्यान नहीं लगा पाता था?

   a. पढ़ाई के समय नींद आना
   b. ध्यान जल्दी भटकना
   c. खाने का मन करना

2. ध्यान केंद्रित करने के लिए ज्ञान बाबा ने आरव को कौन-सी तकनीक सिखाई?

   a. ध्यान (मेडिटेशन) और नियमित ब्रेक्स लेना
   b. सिर्फ लगातार पढ़ाई करना
   c. सिर्फ टीवी देखना

3. मेडिटेशन करने से कौन-सा लाभ होता है?

   a. शरीर स्वस्थ रहता है
   b. मन शांत और एकाग्र होता है
   c. आँखों की रोशनी बढ़ती है

4. पढ़ाई के दौरान बीच-बीच में ब्रेक्स लेने का क्या फायदा है?

   a. दिमाग को आराम मिलता है और ध्यान भटकने की संभावना कम होती है
   b. भूख कम लगती है
   c. ज्यादा से ज्यादा खेला जा सकता है

## मस्ती भरे सवाल:

1. अगर तुम्हें एक शांत और एकाग्र स्थान चुनना हो, जहाँ तुम बिना किसी रुकावट के पढ़ाई कर सको, तो वह कौन-सा स्थान होगा? (जैसे घर का कोई कोना, बगीचे का शांत स्थान, या किसी पेड़ के नीचे बैठकर पढ़ाई करना!)

2. ध्यान करने के लिए तुम्हारा पसंदीदा तरीका क्या होगा? (क्या तुम आँखें बंद करके गहरी साँस लोगे, कोई हल्का संगीत सुनोगे, या पेड़-पौधों के बीच बैठकर ध्यान करोगे?)

3. तुम्हें अगर ध्यान केंद्रित करने का एक नया तरीका ईजाद करना हो, तो वह तरीका क्या होगा? (जैसे किसी जादुई शब्द का इस्तेमाल करना, जिसे बोलते ही सबकुछ साफ और स्पष्ट हो जाए!)

4. मान लो कि तुम्हें पढ़ाई के दौरान जब भी ध्यान भटके, तो एक छोटा-सा ब्रेक लेना हो, तुम उस ब्रेक में क्या करना चाहोगे? (जैसे हल्का-फुल्का व्यायाम, टहलना, अपनी पसंदीदा किताब पढ़ना, या फिर कोई मजेदार खेल खेलना!)

5. अगर तुम्हें ध्यान केंद्रित करने के लिए कोई जादुई मंत्र दिया जाए, तो वह मंत्र क्या होगा और कैसे काम करेगा? (जैसे "शांति का बुलबुला," जिसे बोलते ही तुम्हारा मन शांत हो जाए और एकाग्रता बढ़ जाए!)

# 6

# योजना बनाना और लक्ष्य निर्धारित करना

आरव ने ध्यान और एकाग्रता की शक्ति को समझ लिया था, जिससे उसकी पढ़ाई में सुधार हो रहा था। लेकिन अब भी एक समस्या थी – वह यह नहीं समझ पा रहा था कि अपनी पढ़ाई को कैसे योजनाबद्ध तरीके से करे। उसके पास ढेर सारी किताबें और नोट्स थे, लेकिन वह किस विषय को कब और कैसे पढ़े, यह तय नहीं कर पाता था।

आरव के मन में हमेशा यह सवाल घूमता रहता, "इतने सारे अध्याय और विषयों को कब पढ़ूँगा? अगर मैंने एक विषय को ज्यादा समय दे दिया, तो दूसरा पीछे छूट जाएगा। कैसे सब कुछ सही समय पर पूरा करूँ?"

इस उलझन में फंसे हुए आरव ने फिर से अपनी जादुई किताब खोली और कहा, "ज्ञान बाबा, मुझे फिर से आपकी मदद चाहिए।"

जैसे ही उसने यह कहा, कमरे में एक हल्की रोशनी फैल गई और ज्ञान बाबा प्रकट हुए। उन्होंने आरव की चिंता को देखते हुए पूछा, "क्या हुआ, आरव? आज कौन सी समस्या तुम्हें परेशान कर रही है?"

आरव ने जवाब दिया, "बाबा, अब मेरा ध्यान तो पढ़ाई में लगने लगा है, लेकिन मुझे यह समझ नहीं आता कि मैं अपनी पढ़ाई को कैसे व्यवस्थित करूँ। कौन-सा विषय कब पढ़ूँ, और कैसे सब कुछ सही समय पर पूरा करूँ?"

ज्ञान बाबा ने मुस्कुराते हुए कहा, "बहुत अच्छा सवाल है, आरव! पढ़ाई में सफलता पाने के लिए सिर्फ पढ़ना ही नहीं, बल्कि उसे सही तरीके से योजना बनाकर पढ़ना भी जरूरी है। चलो, आज मैं तुम्हें पढ़ाई के लिए एक प्रभावी योजना बनाना सिखाता हूँ।"

ज्ञान बाबा ने आरव को एक आरामदायक जगह पर बैठने को कहा और उसके सामने एक खाली कागज और कलम रख दी। उन्होंने कहा, "सबसे पहले हम तुम्हारी पढ़ाई के लिए एक योजना बनाएंगे। यह योजना तीन भागों में बंटी होगी: दैनिक, साप्ताहिक, और मासिक लक्ष्य। इसे हम 'SMART योजना' कहेंगे, जिसमें S से Specific (विशिष्ट), M से Measurable (मापने योग्य), A से Achievable (प्राप्य), R से Relevant (संबंधित), और T से Time-bound (समय-सीमित) होगा।"

**1. दैनिक लक्ष्य (Daily Goals):**

ज्ञान बाबा ने कहा, "सबसे पहले, हमें यह तय करना होगा कि तुम्हें हर दिन क्या पढ़ना है। इसके लिए तुम हर दिन का एक विशिष्ट लक्ष्य बनाओगे। जैसे कि, आज गणित का एक अध्याय और विज्ञान के दो प्रश्न हल करने हैं।"

उन्होंने आरव से कहा, "अब तुम यह लिखो कि आज तुम कौन-कौन से विषय पढ़ोगे और कितने समय में कौन-सा काम पूरा करोगे।"

आरव ने कागज पर लिखा:

- सुबह 8:00 से 9:00 बजे तक – गणित का एक अध्याय (अंश और विभाजन)

- सुबह 9:30 से 10:30 बजे तक – विज्ञान के दो प्रश्न (प्रकाश का परावर्तन)

- दोपहर 3:00 से 4:00 बजे तक – अंग्रेजी का एक निबंध (मेरा पसंदीदा खेल)

आरव ने बाबा की मदद से यह छोटा सा योजना बनाई और देखा कि उसका पूरा दिन व्यवस्थित हो गया।

2. साप्ताहिक लक्ष्य (Weekly Goals):

इसके बाद, ज्ञान बाबा ने कहा, "अब हम तुम्हारे साप्ताहिक लक्ष्य बनाएंगे। यह लक्ष्य तुम्हारे पूरे हफ्ते की पढ़ाई का एक रूपरेखा होगा। इसे बनाने से तुम्हें यह पता रहेगा कि हर दिन पढ़ाई करने के बाद तुमने कितनी प्रगति की है।"

उन्होंने आरव से कहा, "अब यह लिखो कि इस हफ्ते तुम्हें कौन-कौन से विषयों के कितने अध्याय और प्रश्न हल करने हैं।"

आरव ने लिखा:

- गणित – 5 अध्याय (अंश, विभाजन, अनुपात, प्रतिशत, और समांतर रेखाएँ)
- विज्ञान – 3 अध्याय (प्रकाश, ध्वनि, और विद्युत)
- अंग्रेजी – 2 निबंध और 5 शब्दार्थ (निबंध: 'मेरा प्रिय खेल' और 'मेरे विद्यालय का वार्षिक उत्सव')

आरव ने यह सब लिखकर बाबा को दिखाया। बाबा ने उसकी सराहना करते हुए कहा, "बहुत अच्छा! अब तुम्हें हर दिन यह देखना होगा कि तुमने अपने साप्ताहिक लक्ष्य के अनुसार कितनी पढ़ाई की है। इससे तुम्हें अपनी प्रगति का अंदाजा होगा और तुम अपने समय को बेहतर तरीके से प्रबंधित कर पाओगे।"

3. मासिक लक्ष्य (Monthly Goals):

इसके बाद, ज्ञान बाबा ने मासिक योजना के महत्व को समझाया। उन्होंने कहा, "मासिक योजना तुम्हें यह बताएगी कि एक महीने में तुमने कितनी प्रगति की है। इससे तुम्हें अपने वार्षिक लक्ष्यों की ओर बढ़ने में मदद मिलेगी।"

उन्होंने आरव से कहा, "अब लिखो कि इस महीने के अंत तक तुम्हें कौन-कौन से विषयों में कौन-कौन से अध्यायों और अभ्यासों को पूरा करना है।"

आरव ने लिखा:

- गणित – 20 अध्याय और 50 प्रश्न हल करना
- विज्ञान – 10 अध्याय और 30 प्रयोग समझना
- अंग्रेजी – 10 निबंध और 20 शब्दार्थ याद करना
- इतिहास – 5 महत्वपूर्ण घटनाएँ और 10 प्रश्न हल करना

आरव ने जब मासिक योजना बनाई, तो उसे अपनी पढ़ाई की पूरी तस्वीर दिखाई देने लगी। वह अब जान चुका था कि उसे हर दिन, हर हफ्ते, और हर महीने कितना और क्या-क्या पढ़ना है।

◦৺ৄ

ज्ञान बाबा ने आरव को बताया कि योजना बनाना महत्वपूर्ण है, लेकिन उससे भी महत्वपूर्ण है उसका पालन करना। उन्होंने कहा, "तुम्हें हर दिन, हफ्ते, और महीने के अंत में अपनी योजना का पुनः मूल्यांकन करना होगा। देखना होगा कि तुमने कितना पूरा किया और क्या छूटा रह गया।"

उन्होंने उसे एक टिप दी, "हर दिन के अंत में अपनी योजना की समीक्षा करो और देखो कि तुमने क्या-क्या पूरा किया। अगर कुछ छूट गया है, तो उसे अगले दिन की योजना में शामिल कर लो।"

आरव ने ज्ञान बाबा की बातें ध्यान से सुनीं और अपनी पढ़ाई को योजनाबद्ध तरीके से करने का निर्णय लिया। उसने दैनिक, साप्ताहिक, और मासिक योजनाएँ बनानी शुरू कीं और नियमित रूप से अपनी पढ़ाई की प्रगति की समीक्षा करने लगा।

धीरे-धीरे, उसे महसूस हुआ कि वह अब पहले से ज्यादा व्यवस्थित हो गया है और उसकी पढ़ाई में भी बहुत सुधार आ गया है। अब उसे यह चिंता नहीं होती थी कि कौन-सा विषय कब और कैसे पढ़े। वह अपनी

योजना के अनुसार चलता और धीरे-धीरे अपने लक्ष्यों को प्राप्त करता।

आरव ने योजना बनाना और उसका पालन करना सीख लिया था। अब वह सिर्फ पढ़ाई नहीं करता था, बल्कि एक व्यवस्थित तरीके से पढ़ाई करता था। इससे उसकी पढ़ाई में आत्मविश्वास भी बढ़ा और उसे सफलता भी मिलने लगी।

ज्ञान बाबा ने आरव की प्रगति देखकर कहा, "तुमने बहुत अच्छा किया, आरव! अब तुमने समझ लिया है कि सफलता पाने के लिए योजना बनाना और उसका पालन करना कितना महत्वपूर्ण है। अगर तुम इसी तरह मेहनत और अनुशासन से चलते रहे, तो तुम एक दिन जरूर पढ़ाई के मास्टर बन जाओगे।"

आरव ने उत्साहित होकर कहा, "धन्यवाद, बाबा! अब मुझे अपनी पढ़ाई से डर नहीं लगता, बल्कि मज़ा आता है। आपकी दी हुई तकनीकों से मेरी पढ़ाई अब पहले से बहुत बेहतर हो गई है।"

इस तरह, आरव ने योजना बनाना और लक्ष्यों को प्राप्त करना सीख लिया और अपनी पढ़ाई में एक नई ऊँचाई हासिल की। अब वह आत्मविश्वास से भरा हुआ था और हर दिन अपने नए-नए लक्ष्यों को प्राप्त करने के लिए उत्सुक रहता था।

## अध्याय 6 से आपने क्या सीखा
### क्विज़:

1. आरव को पढ़ाई को योजनाबद्ध करने में कौन सी समस्या आ रही थी?

   a. उसे पढ़ाई का मन नहीं करता था
   b. उसे यह समझ नहीं आता था कि कैसे योजना बनानी है
   c. उसके पास समय नहीं था

2. ज्ञान बाबा ने आरव को लक्ष्य निर्धारण के लिए कौन-कौन से लक्ष्य बनाने की सलाह दी?

   a. दैनिक, साप्ताहिक, और मासिक लक्ष्य
   b. केवल मासिक लक्ष्य
   c. सिर्फ दैनिक लक्ष्य

3. दैनिक लक्ष्य बनाना क्यों महत्वपूर्ण होता है?

   a. ताकि हर दिन कुछ नया किया जा सके
   b. ताकि हर दिन की गतिविधियाँ याद रखी जा सकें
   c. ताकि समय को बेहतर तरीके से प्रबंधित किया जा सके

4. साप्ताहिक और मासिक लक्ष्य क्यों आवश्यक हैं?

   a. ताकि भविष्य की योजना बनाई जा सके
   b. ताकि छुट्टियाँ मनाई जा सकें
   c. ताकि पढ़ाई के विषयों को याद किया जा सके

## मस्ती भरे सवाल:

1. अगर तुम्हें एक जादुई कैलेंडर मिले, जो तुम्हारे सभी लक्ष्य और योजनाओं को अपने आप सजा दे, तो तुम उसमें कौन-कौन से लक्ष्य जोड़ोगे? (जैसे पढ़ाई, खेल, और मस्ती के लिए विशेष समय!)

2. मान लो कि तुम्हारे पास एक टाइम मशीन है जो भविष्य में जाकर तुम्हारे लक्ष्य को पूरा कर सकती है। तुम कौन सा लक्ष्य चुनोगे और भविष्य में क्या देखोगे? (क्या तुम देखोगे कि तुम्हारा पूरा किया हुआ लक्ष्य कैसा लग रहा है, या भविष्य में तुम्हारी पढ़ाई कैसी है?)

3. तुम्हें अगर एक जादुई नोटबुक मिले, जिसमें तुम्हारे सारे लक्ष्य और योजनाएँ खुद-ब-खुद बन जाएँ, तो तुम उसमें क्या लिखवाना चाहोगे? (जैसे पढ़ाई के लक्ष्यों के साथ-साथ खेल और मस्ती की योजनाएँ!)

4. सोचो कि तुम्हें अपनी पढ़ाई के लिए एक सुपरहीरो की मदद मिलती है, जो तुम्हारी योजनाओं को आसान बनाता है। वह सुपरहीरो कौन होगा और वह तुम्हारी पढ़ाई में कैसे मदद करेगा? (क्या वह तुम्हें समय प्रबंधन सिखाएगा, या लक्ष्य निर्धारण में सहायता करेगा?)

5. अगर तुम्हें एक जादुई चार्ट बनाना हो, जिसमें तुम्हारे लक्ष्य और उनकी उपलब्धि को ट्रैक किया जा सके, तो वह चार्ट कैसा होगा और उसमें कौन-कौन सी बातें शामिल होंगी? (जैसे रंग-बिरंगे निशान, तारीखें, और लक्ष्यों की पूरी सूची!)

# 7
# सफलता की ओर पहला कदम

— रॉबर्ट कोलियर

आरव अब अपनी पढ़ाई में पहले से कहीं अधिक उत्साहित था। ज्ञान बाबा द्वारा सिखाए गए योजना बनाने और लक्ष्य निर्धारण के तरीकों ने उसकी पढ़ाई में एक नया जोश भर दिया था। उसने न केवल अपनी योजनाएँ बनाईं, बल्कि उन्हें गंभीरता से पालन भी करना शुरू कर दिया। अब उसका हर दिन सुनियोजित और व्यवस्थित होता था।

हर सुबह उठकर वह अपनी दैनिक योजना की तरफ देखता और पूरे दिन उसे पूरा करने की कोशिश करता। उसने अब अपने खेल के समय को भी योजनाबद्ध कर लिया था, जिससे उसे पढ़ाई और मनोरंजन दोनों के बीच संतुलन बनाए रखने में मदद मिल रही थी।

आरव को महसूस हो रहा था कि पढ़ाई अब कोई भारी बोझ नहीं, बल्कि एक मजेदार और दिलचस्प प्रक्रिया बन गई है। उसने धीरे-धीरे छोटे-छोटे लक्ष्य हासिल करना शुरू कर दिया था, जिससे उसका आत्मविश्वास भी बढ़ने लगा था।

एक दिन की शुरुआत करते हुए आरव ने अपनी दैनिक योजना देखी। उसने खुद से कहा, "आज मुझे गणित का एक अध्याय खत्म करना है और विज्ञान के तीन प्रश्नों को समझना है। चलो, पहले गणित से शुरू करते हैं।"

वह अपनी किताब और नोटबुक लेकर बैठ गया और पूरी तन्मयता से पढ़ाई करने लगा। जब गणित के अंश और विभाजन वाले अध्याय को उसने पूरा कर लिया, तो उसकी आँखों में एक चमक आ गई। उसे अपनी छोटी-छोटी उपलब्धियों पर गर्व महसूस होने लगा। उसने खुद से कहा, "वाह! मैंने एक अध्याय पूरा कर लिया। अब विज्ञान की बारी है।"

वह तुरंत अपनी विज्ञान की किताब लेकर बैठ गया और तीनों प्रश्नों को ध्यानपूर्वक पढ़ना और समझना शुरू किया। जब उसने इन प्रश्नों को भी हल कर लिया, तो उसे एक अलग ही आनंद और संतुष्टि का अनुभव हुआ।

☙❧

शाम को आरव ने अपनी योजना की समीक्षा की और देखा कि उसने अपनी सभी गतिविधियाँ पूरी कर ली हैं। उसने अपने लक्ष्य के प्रत्येक बिंदु पर एक हरे रंग का सही निशान लगाया। हर सही निशान उसे आत्मविश्वास से भर रहा था।

आरव ने महसूस किया कि छोटे-छोटे लक्ष्यों को प्राप्त करके वह एक बड़ी सफलता की ओर बढ़ रहा है। वह अब पहले से कहीं अधिक आत्मविश्वास से भरा हुआ महसूस कर रहा था। उसने सोचा, "अगर मैं हर दिन इसी तरह पढ़ाई करूँगा, तो एक दिन मुझे कोई भी विषय कठिन नहीं लगेगा।"

☙❧

अगले कुछ दिनों में, आरव ने धीरे-धीरे अपनी योजना के अनुसार पढ़ाई करना जारी रखा। उसने हर दिन अपने छोटे-छोटे लक्ष्यों को हासिल किया। वह अब पहले से ज्यादा ध्यान से पढ़ाई कर रहा था और उसे हर

विषय में रुचि भी आने लगी थी।

एक दिन, स्कूल में विज्ञान की परीक्षा हुई। आरव ने पूरी आत्मविश्वास के साथ परीक्षा दी। उसने न केवल सभी प्रश्नों के सही उत्तर दिए, बल्कि कठिन सवालों को भी आसानी से हल कर लिया। जब परीक्षाफल घोषित हुआ, तो आरव के अंक देखकर सब हैरान रह गए। उसने विज्ञान में पूरे 95 अंक प्राप्त किए थे!

माधवी मैम ने उसे सभी बच्चों के सामने बधाई दी और कहा, "आरव, तुमने यह साबित कर दिया है कि अगर हम सही तरीके से मेहनत करें और एक मजबूत योजना के साथ आगे बढ़ें, तो कोई भी लक्ष्य मुश्किल नहीं है। हमें तुम पर गर्व है!"

आरव ने यह सुनकर गर्व से सीना चौड़ा किया। उसे पहली बार अपनी मेहनत का फल मिला था। उसने अपनी छोटी-छोटी सफलताओं को एक बड़ी उपलब्धि में बदलते देखा।

❦

आरव की यह सफलता केवल अंक प्राप्त करने तक ही सीमित नहीं थी। यह उसके आत्मविश्वास की नई नींव थी। अब वह हर विषय में बिना किसी डर और तनाव के पढ़ाई करता था। उसे यह विश्वास हो गया था कि अगर वह इसी तरह मेहनत करता रहा, तो एक दिन वह पढ़ाई का मास्टर जरूर बनेगा।

आरव की यह सफलता उसके दोस्तों के लिए भी प्रेरणा बनी। उसके दोस्त उससे पूछने लगे कि वह कैसे पढ़ाई करता है, और आरव ने खुशी-खुशी उन्हें भी अपनी योजना बनाने के तरीके और पढ़ाई की नई तकनीकें सिखाईं।

❦

आरव की सफलता की खबर जब ज्ञान बाबा को मिली, तो वह भी बहुत खुश हुए। उन्होंने आरव से कहा, "तुम्हारे छोटे-छोटे कदमों ने तुम्हें एक बड़ी सफलता दिलाई है। हमेशा याद रखना, हर बड़ी मंजिल छोटे-छोटे कदमों से ही तय होती है। अगर तुम इसी तरह मेहनत करते रहोगे, तो

एक दिन जरूर 'पढ़ाई के मास्टर' बन जाओगे।"

आरव ने उत्साहित होकर जवाब दिया, "धन्यवाद, बाबा! अब मैं समझ गया हूँ कि छोटे-छोटे लक्ष्य निर्धारित करके उन्हें प्राप्त करना ही सफलता की ओर पहला कदम है।"

ज्ञान बाबा ने मुस्कुराते हुए कहा, "बिल्कुल सही! और यह भी याद रखना कि पढ़ाई का सफर हमेशा सीखने का होता है। इसे बोझ नहीं, एक रोमांचक यात्रा की तरह महसूस करो।"

❧

आरव ने अपने छोटे-छोटे लक्ष्यों को प्राप्त करके एक नई दिशा में कदम बढ़ा दिया था। अब वह समझ चुका था कि छोटी-छोटी सफलताएँ ही बड़ी उपलब्धियों की नींव होती हैं। वह अपने नए आत्मविश्वास और योजनाबद्ध पढ़ाई के साथ आगे बढ़ रहा था।

अब उसकी पढ़ाई केवल एक काम नहीं रह गई थी, बल्कि एक रोमांचक सफर बन गई थी, जिसमें वह हर दिन कुछ नया सीख रहा था। आरव की इस यात्रा में उसने सफलता की ओर पहला कदम बढ़ा लिया था, और वह अब अपनी मंजिल की ओर दृढ़ता से आगे बढ़ रहा था।

## अध्याय 7 से आपने क्या सीखा
### क्विज़:

1. आरव ने अपनी नई योजनाओं के साथ क्या किया?

   a. उन्होंने केवल खेलना शुरू किया
   b. उन्होंने अपनी पढ़ाई शुरू की
   c. उन्होंने अपने दोस्तों को पढ़ाई में मदद की

2. छोटे-छोटे लक्ष्य हासिल करने पर आरव ने क्या महसूस किया?

   a. निराशा
   b. आत्म-संतोष और आत्मविश्वास
   c. चिंता

3. सफलता की ओर पहला कदम क्या होता है?

   a. बिना मेहनत के परिणाम देखना
   b. योजना बनाना और उसे लागू करना
   c. सिर्फ खेलना

4. आरव के छोटे-छोटे लक्ष्य कौन से थे?

   a. सिर्फ खेलना
   b. पढ़ाई में सुधार और दिनचर्या में बदलाव
   c. नई किताबें पढ़ना

❧

### मस्ती भरे सवाल:

1. अगर तुम्हें अपने छोटे-छोटे लक्ष्यों को पूरा करने के लिए एक जादुई स्टिक मिल जाए, तो तुम उस स्टिक से क्या-क्या करोगे? (क्या तुम उसे पढ़ाई में मदद के लिए इस्तेमाल करोगे, या अपनी खेल-कूद की गतिविधियों को भी मजेदार बना दोगे?)

2. मान लो कि तुम अपनी पढ़ाई में सफलता की एक चमकदार तस्वीर बना सकते हो, तो उस तस्वीर में क्या-क्या होगा? (क्या उसमें तुम्हारे छोटे-छोटे लक्ष्यों की तस्वीरें होंगी, या तुम्हारे द्वारा हासिल की गई सफलताओं की छवियाँ?)

3. अगर तुम्हारे पास एक जादुई चमकदार सितारा हो, जो तुम्हारी मेहनत और सफलता को बढ़ा सके, तो तुम उसे किस तरह से इस्तेमाल करोगे? (क्या तुम उसे पढ़ाई की प्रेरणा के रूप में उपयोग करोगे, या लक्ष्य प्राप्ति के लिए?)

4. सोचो कि तुम एक सफल भविष्य के लिए अपनी पढ़ाई की एक डायरी लिख सकते हो, जिसमें हर दिन की उपलब्धियाँ और योजनाएँ हों। तुम्हारी डायरी कैसी होगी और उसमें क्या-क्या शामिल होगा? (क्या तुम उसमें हर दिन की मेहनत के परिणाम लिखोगे, या अपनी नई योजनाओं को शामिल करोगे?)

5. तुम्हें अगर अपने दोस्तों को भी सफलता की ओर पहला कदम बढ़ाने के लिए एक प्रेरणादायक संदेश देना हो, तो वह संदेश क्या होगा? (जैसे "छोटे-छोटे कदम ही बड़े बदलाव लाते हैं" या "हर दिन थोड़ा-थोड़ा मेहनत करो, सफलता खुद-ब-खुद आएगी!")

# 8
# परीक्षाओं से डर को मात

— अब्राहम लिंकन

आरव ने पिछले कुछ महीनों में अपनी पढ़ाई की दिशा में बहुत प्रगति की थी। वह नियमित रूप से अध्ययन कर रहा था, छोटी-छोटी सफलताएँ हासिल कर रहा था और पहले से कहीं अधिक आत्मविश्वास से भरा हुआ महसूस कर रहा था। लेकिन अब उसके सामने एक नई चुनौती थी – स्कूल की वार्षिक परीक्षाएँ।

जैसे ही परीक्षाओं की तारीखें नजदीक आईं, आरव के मन में एक अजीब सी घबराहट ने जगह बना ली। उसे हर समय चिंता होने लगी कि क्या वह ठीक से तैयारी कर पाएगा? क्या वह सारे विषयों को याद कर पाएगा? अगर वह किसी प्रश्न का उत्तर भूल गया तो क्या होगा?

आरव की यह घबराहट दिन-प्रतिदिन बढ़ती जा रही थी। वह जितना पढ़ाई करने की कोशिश करता, उतना ही ज्यादा उलझता चला जाता। उसकी यह हालत देखकर माधवी मैम ने उसे कहा, "आरव, मुझे लगता है कि तुम्हें फिर से ज्ञान बाबा की मदद लेनी चाहिए।"

आरव ने सोचा, "शायद मैम सही कह रही हैं। मुझे ज्ञान बाबा से सलाह लेनी चाहिए।"

शाम को आरव अपने कमरे में गया और जादुई किताब को खोलते हुए बोला, "ज्ञान बाबा, कृपया मेरी मदद कीजिए। मैं बहुत घबराया हुआ हूँ।"

जैसे ही आरव ने किताब खोली, एक चमकदार रोशनी के साथ ज्ञान बाबा प्रकट हुए। उन्होंने देखा कि आरव का चेहरा उतरा हुआ है और उसकी आँखों में चिंता की लकीरें साफ नजर आ रही हैं।

ज्ञान बाबा ने मुस्कुराते हुए कहा, "आरव, मेरे बच्चे, क्या हुआ? तुम इतने परेशान क्यों लग रहे हो?"

आरव ने अपनी समस्या बताते हुए कहा, "बाबा, परीक्षाएँ आने वाली हैं और मैं बहुत घबराया हुआ हूँ। मुझे डर है कि मैं सब कुछ भूल जाऊँगा या ठीक से लिख नहीं पाऊँगा। मुझे समझ नहीं आ रहा कि इस डर से कैसे छुटकारा पाऊँ।"

ज्ञान बाबा ने आरव को सांत्वना देते हुए कहा, "आरव, परीक्षा का डर एक सामान्य बात है। लेकिन अगर तुम इसे अपने ऊपर हावी होने दोगे, तो यह तुम्हारी मेहनत पर पानी फेर देगा। तुमने बहुत अच्छी तरह से पढ़ाई की है। तुम्हें खुद पर और अपनी तैयारी पर विश्वास रखना होगा। चलो, आज मैं तुम्हें परीक्षा की तैयारी के समय तनावमुक्त रहने और खुद पर विश्वास रखने के कुछ आसान तरीके बताता हूँ।"

☙

तनावमुक्त रहने के उपाय:

1. **गहरी साँस लेना:** ज्ञान बाबा ने आरव को सिखाया कि जब भी वह घबराए, तो कुछ गहरी साँसें ले। गहरी साँसें लेने से मन शांत होता है और ध्यान केंद्रित रहता है। उन्होंने आरव को कहा, "आँखें बंद करो, अपनी नाक से गहरी साँस लो और धीरे-धीरे मुँह से बाहर छोड़ो। इसे पाँच बार दोहराओ।" आरव ने ऐसा ही किया और उसे तुरंत ही थोड़ी राहत महसूस हुई।

2. **समय का सही प्रबंधन:** ज्ञान बाबा ने उसे समझाया कि परीक्षाओं के दिनों में समय का सही प्रबंधन करना बहुत जरूरी है। "तुम्हें हर विषय के लिए एक निश्चित समय तय करना होगा और उस समय में ही उस विषय की तैयारी करनी होगी। इससे तुम सभी विषयों को पर्याप्त समय दे पाओगे और कोई भी विषय छूटेगा नहीं।"

3. **रिवीजन की अहमियत:** ज्ञान बाबा ने बताया कि बिना रिवीजन के तैयारी अधूरी होती है। "हर दिन जो भी पढ़ो, उसे रात को सोने से पहले एक बार दोहरा लो। इससे याद किया हुआ लंबे समय तक दिमाग में रहता है और परीक्षा के समय सब कुछ याद आ जाता है।"

4. **ब्रेक लेना:** आरव को समझाते हुए बाबा ने कहा, "लगातार पढ़ाई करने से दिमाग थक जाता है। इसलिए हर घंटे के बाद 10-15 मिनट का ब्रेक लो। इस दौरान कुछ टहल लो, संगीत सुन लो या कोई हल्का-फुल्का खेल खेल लो। इससे तुम्हारा दिमाग तरोताजा हो जाएगा और तुम बेहतर तरीके से पढ़ाई कर पाओगे।"

5. **खुद पर विश्वास:** बाबा ने आरव को याद दिलाया कि वह कितनी मेहनत से पढ़ाई कर रहा है। "तुम्हें खुद पर और अपनी मेहनत पर विश्वास रखना चाहिए। अगर तुमने ईमानदारी से तैयारी की है, तो परिणाम भी अच्छा ही होगा। हमेशा सकारात्मक सोच रखो।"

❧

### परीक्षा से पहले की तैयारी:

परीक्षा की तारीखें जैसे-जैसे पास आती गईं, आरव ने ज्ञान बाबा के बताए सारे तरीकों को अपनाना शुरू कर दिया। उसने समय का सही प्रबंधन किया, हर दिन नियमित रूप से पढ़ाई की और हर विषय को बराबर का समय दिया। उसने रिवीजन के लिए एक अलग समय तय किया और रोज़ाना उसे दोहराता रहा।

पढ़ाई के दौरान जब भी वह घबराहट महसूस करता, वह गहरी साँसें लेता और फिर से पूरे जोश के साथ पढ़ाई में लग जाता। उसने छोटे-छोटे ब्रेक्स लेना भी शुरू कर दिया, जिससे उसका दिमाग तरोताजा रहता और

वह ज्यादा देर तक ध्यान लगा पाता। धीरे-धीरे, उसकी घबराहट कम होने लगी और उसका आत्मविश्वास बढ़ता गया।

◌◌

परीक्षा का दिन:

आखिरकार, परीक्षा का दिन आ ही गया। सुबह-सुबह आरव की माँ ने उसे अच्छे से तैयार किया और उसे आशीर्वाद दिया। आरव ने भी अपनी माँ से कहा, "माँ, मैं अब बिल्कुल भी नहीं घबरा रहा हूँ। मैंने अच्छी तैयारी की है और मुझे पूरा विश्वास है कि मैं अच्छा करूँगा।"

परीक्षा कक्ष में प्रवेश करते समय भी आरव ने कुछ गहरी साँसें लीं और अपने मन को शांत रखा। उसने अपने मन में सोचा, "मुझे खुद पर और अपनी तैयारी पर विश्वास है। मैं हर सवाल का जवाब सोच-समझकर दूँगा।"

परीक्षा शुरू हुई। आरव ने सारे प्रश्नों को ध्यान से पढ़ा और फिर एक-एक करके उनके उत्तर देने लगा। उसने कहीं भी जल्दबाजी नहीं की, बल्कि हर सवाल का जवाब सोच-समझकर और पूरे आत्मविश्वास के साथ दिया।

जब परीक्षा समाप्त हुई और आरव ने अपना उत्तरपत्र जमा किया, तो उसके चेहरे पर एक संतुष्टि की झलक थी। उसने सोचा, "मैंने अपना सर्वश्रेष्ठ दिया है, अब परिणाम की चिंता नहीं करूँगा।"

◌◌

घर वापस आने पर आरव ने सबसे पहले जादुई किताब खोली और ज्ञान बाबा को धन्यवाद कहा। "बाबा, आपकी मदद से मैंने अपनी घबराहट को हराकर परीक्षा दी। अब मुझे परीक्षा का डर नहीं लगता। आपने मुझे खुद पर विश्वास करना सिखाया, इसके लिए बहुत-बहुत धन्यवाद।"

ज्ञान बाबा ने मुस्कुराते हुए कहा, "आरव, असली जादू तुम्हारे अंदर है। मैंने तो बस तुम्हें तुम्हारी ताकत का एहसास दिलाया। याद रखो, परीक्षाएँ जीवन का एक छोटा सा हिस्सा हैं। मेहनत और आत्मविश्वास से ही हर कठिनाई को पार किया जा सकता है।"

∾

इस अध्याय में आरव ने सीखा कि परीक्षाओं से डरने की बजाय उनसे सही तरीके से निपटना चाहिए। उसने यह भी समझा कि खुद पर विश्वास और नियमित अभ्यास से ही किसी भी डर पर काबू पाया जा सकता है।

अब वह पहले से कहीं अधिक आत्मविश्वास से भरा हुआ था और जानता था कि हर चुनौती का सामना डटकर किया जा सकता है। परीक्षाओं का डर अब उसके लिए केवल एक पुरानी बात बनकर रह गया था। अब वह हर परीक्षा को एक नए अनुभव और एक नए सबक की तरह देखता था।

## <u>अध्याय 8 से आपने क्या सीखा</u>
### क्विज़ː

1. आरव परीक्षा के दिनों में किस चीज़ से घबरा जाता था?

   a. पढ़ाई के समय की कमी
   b. परीक्षा के परिणाम
   c. परीक्षा का तनाव

2. ज्ञान बाबा ने परीक्षा की तैयारी के दौरान तनाव कम करने के लिए कौन-कौन सी सलाह दी?

   a. आराम करना और खुद पर विश्वास रखना
   b. केवल पढ़ाई करना
   c. दोस्तों से बात न करना

3. परीक्षा के दौरान तनावमुक्त रहने के लिए ज्ञान बाबा ने क्या करने की सलाह दी?

   a. छोटे-छोटे ब्रेक्स लेना और ध्यान लगाना
   b. लगातार पढ़ते रहना
   c. टीवी देखना

4. परीक्षा से पहले खुद पर विश्वास बनाए रखने के लिए आरव ने क्या किया?

   a. दिन-रात पढ़ाई की
   b. अपनी पढ़ाई का मूल्यांकन किया और आत्म-संयम रखा
   c. खेलकूद में समय बिताया

❦

मस्ती भरे सवाल:

1. अगर तुम्हारे पास एक जादुई परी हो, जो परीक्षा के दौरान तुम्हारे तनाव को दूर कर सकती है, तो वह परी तुम्हारी मदद कैसे करेगी? (क्या वह तुम्हें आराम देने के लिए कोई मंत्र देगी, या तनावमुक्त रहने के लिए मजेदार बातें करेगी?)

2. मान लो कि तुम अपनी परीक्षा की तैयारी के लिए एक जादुई किताब बना सकते हो, जिसमें तनाव कम करने के लिए टिप्स और मजेदार गतिविधियाँ हों। उस किताब में क्या-क्या होगा? (जैसे तनाव कम करने के तरीके, मजेदार पजल्स, या आत्म-प्रेरणा देने वाले संदेश!)

3. अगर तुम्हें परीक्षा से पहले एक जादुई टाइम मशीन मिले, जो तुम्हें परीक्षा के परिणाम दिखा सके, तो वह मशीन तुम्हें क्या दिखाएगी और तुम्हारा रिएक्शन क्या होगा? (क्या तुम्हें अच्छे अंक दिखाएगी, या तुम्हारे आत्मविश्वास को बढ़ाएगी?)

4. सोचो कि तुम्हारे पास एक जादुई डायरी है, जिसमें तुम्हारी परीक्षा की सफलता की सारी कहानियाँ और टिप्स हैं। तुम उसमें क्या-क्या लिखोगे और कैसे सजाओगे? (जैसे सफलता की कहानियाँ, परीक्षा के दौरान तनावमुक्त रहने के तरीके, और प्रेरणादायक उद्धरण!)

5. अगर तुम्हें अपने दोस्तों को परीक्षा के दौरान तनाव कम करने के लिए एक प्रेरक संदेश देना हो, तो वह संदेश क्या होगा? (जैसे "परीक्षा केवल एक चुनौती है, तुम्हारी मेहनत ही असली सफलता है" या "खुद पर विश्वास रखो, तुम सबसे बेहतर कर सकते हो!")

# 9

# पढ़ाई का जादूगर बनना

*"सीखने की प्यास और मेहनत करने की इच्छा ही आपको असाधारण बनाती है।"*

— डॉ. ए. पी. जे. अब्दुल कलाम

वार्षिक परीक्षाओं के नतीजे घोषित होने का दिन आ गया था। स्कूल का माहौल बहुत ही उत्साहित और हलचल से भरा हुआ था। सभी छात्र-छात्राएँ अपने-अपने रिजल्ट जानने के लिए उत्सुक थे। आरव भी अपनी माँ के साथ स्कूल पहुँचा। हालाँकि उसने बहुत मेहनत की थी और उसे अपनी तैयारी पर पूरा विश्वास था, लेकिन परिणाम जानने का उत्साह और थोड़ी सी घबराहट, दोनों ही उसके चेहरे पर झलक रहे थे।

जब माधवी मैम ने आरव को बुलाया और उसे उसके परिणाम के बारे में बताया, तो आरव की खुशी का ठिकाना नहीं रहा। उसने हर विषय में उत्कृष्ट अंक प्राप्त किए थे। वह पहले से कहीं ज्यादा आत्मविश्वासी और खुश महसूस कर रहा था। यह उसकी मेहनत और सही तरीके से की गई पढ़ाई का ही परिणाम था।

आरव ने सोचा, "मैंने वाकई में एक पढ़ाई का जादूगर बनने का सपना सच कर दिखाया है। अब मुझे दूसरों को भी यह जादू सिखाना चाहिए।"

༺ ༻

स्कूल के बाद, आरव अपने दोस्तों के साथ खेल के मैदान में पहुँचा। उसके चेहरे की खुशी देखते ही उसके दोस्त पूछ बैठे, "आरव, तुम्हें कितने अंक मिले? तुम इतने खुश क्यों हो?"

आरव ने मुस्कुराते हुए कहा, "मुझे हर विषय में अच्छे अंक मिले हैं और मैं अपनी मेहनत से बहुत खुश हूँ। लेकिन यह सिर्फ अंकों की बात नहीं है। मैं अब पढ़ाई को बोझ नहीं बल्कि एक मजेदार यात्रा की तरह देखता हूँ।"

उसके दोस्त आश्चर्यचकित होकर बोले, "तुमने ऐसा कैसे किया? हम तो पढ़ाई से बहुत घबराते हैं। हमें भी अपनी जादूई किताब का राज़ बताओ।"

आरव ने हँसते हुए कहा, "मुझे तो यह जादू ज्ञान बाबा ने सिखाया है। उन्होंने मुझे कुछ आसान और मजेदार तरीके बताए, जिनसे मैंने पढ़ाई को एक खेल की तरह देखा और उससे दोस्ती कर ली। अगर तुम सब चाहो तो मैं भी तुम्हें यह सब सिखा सकता हूँ।"

दोस्तों ने उत्सुकता से कहा, "हमें भी सिखाओ, आरव! हमें भी पढ़ाई का जादूगर बनना है।"

༺ ༻

आरव का दोस्तों को पढ़ाई का जादू सिखानाः

1. मज़ेदार तकनीकों का इस्तेमालः आरव ने अपने दोस्तों को बताया कि कैसे उसने हर विषय को छोटे-छोटे हिस्सों में बाँटा और माईंड मैप्स, फ्लैश काइर्स और कहानियों के माध्यम से उन्हें समझा। उसने उदाहरण देकर बताया कि गणित के कठिन फार्मूलों को कैसे कहानियों के माध्यम से आसानी से याद किया जा सकता है।

2. समय का सही प्रबंधनः आरव ने दोस्तों को समझाया कि पढ़ाई के लिए एक निश्चित समय सारणी बनाना जरूरी है। "हर दिन कुछ घंटों के लिए पढ़ाई करो और बाकी समय खेल-कूद, आराम

और अन्य गतिविधियों के लिए छोड़ दो। इससे पढ़ाई का बोझ नहीं लगता।"

3. **ब्रेक्स की अहमियत:** उसने उन्हें सिखाया कि लगातार पढ़ाई करने की बजाय, हर घंटे के बाद 10-15 मिनट का ब्रेक लेना जरूरी है। "ब्रेक के दौरान कुछ मजेदार करो, जैसे कोई खेल खेलो, संगीत सुनो या कोई हल्का-फुल्का काम करो। इससे दिमाग तरोताजा होता है और पढ़ाई में मन लगता है।"

4. **रिवीजन का महत्व:** आरव ने उन्हें बताया कि पढ़ाई करने के बाद रिवीजन करना बहुत जरूरी है। "हर दिन जो भी पढ़ो, उसे रात को सोने से पहले एक बार दोहरा लो। इससे परीक्षा के समय सबकुछ याद रहेगा।"

5. **सकारात्मक सोच और आत्मविश्वास:** आरव ने कहा, "सबसे जरूरी बात यह है कि खुद पर विश्वास रखो। पढ़ाई को एक चुनौती की तरह नहीं, बल्कि एक नई सीख की तरह देखो। सकारात्मक सोच रखोगे, तो कुछ भी असंभव नहीं लगेगा।"

आरव के दोस्तों ने उसकी बातों को ध्यान से सुना और उसके बताए तरीकों को अपनाना शुरू कर दिया। धीरे-धीरे, उन्होंने भी पढ़ाई में रुचि लेना शुरू कर दिया। वे आरव से सलाह लेते, अपने पढ़ाई के अनुभव साझा करते और किसी भी कठिनाई को हल करने के लिए मिलकर कोशिश करते।

कुछ ही महीनों में आरव के दोस्तों में भी बड़ा बदलाव देखने को मिला। वे अब पढ़ाई को बोझ नहीं समझते थे, बल्कि उसमें मज़ा लेने लगे थे। जब भी कोई समस्या आती, तो वे मिलकर उसका समाधान ढूँढ़ते और एक-दूसरे की मदद करते।

आरव ने देखा कि उसकी मेहनत और ज्ञान बाबा के दिए हुए सुझावों ने न सिर्फ उसकी, बल्कि उसके दोस्तों की भी जिंदगी बदल दी है। अब सभी दोस्त पढ़ाई के जादूगर बनने की राह पर चल पड़े थे। आरव को इस बात की बहुत खुशी हुई कि उसने अपने दोस्तों की मदद की और उन्हें भी पढ़ाई से डरने की बजाय उसे समझने और सीखने का तरीका सिखाया।

❧

वार्षिक परीक्षा के नतीजों के बाद, स्कूल में एक सम्मान समारोह आयोजित किया गया। इस समारोह में उन विद्यार्थियों को सम्मानित किया जाना था, जिन्होंने पढ़ाई में उत्कृष्ट प्रदर्शन किया था। आरव का नाम भी सम्मान पाने वाले विद्यार्थियों में शामिल था। उसे 'सर्वश्रेष्ठ प्रेरणास्रोत' का पुरस्कार दिया गया, क्योंकि उसने न सिर्फ खुद में सुधार किया, बल्कि अपने दोस्तों को भी पढ़ाई का सही तरीका सिखाया।

मंच पर आते ही आरव ने ज्ञान बाबा को मन ही मन धन्यवाद दिया और सोचा, "अगर बाबा ने मुझे यह जादू न सिखाया होता, तो आज मैं यहाँ नहीं होता। यह पुरस्कार सिर्फ मेरी मेहनत का नहीं, बल्कि बाबा के मार्गदर्शन का भी परिणाम है।"

❧

इस अध्याय में आरव ने न केवल खुद को पढ़ाई का जादूगर बनाया, बल्कि अपने दोस्तों को भी यह जादू सिखाया। उसने यह साबित कर दिया कि अगर सही दिशा और सकारात्मक सोच हो, तो कोई भी पढ़ाई का मास्टर बन सकता है।

अब वह अपनी कक्षा और स्कूल का एक प्रेरणा स्रोत बन चुका था। उसे देखकर हर बच्चा यह सीखने की कोशिश कर रहा था कि पढ़ाई को बोझ न मानकर, उसे एक खेल और सीखने की यात्रा के रूप में देखा जाए।

आरव के इस बदलाव ने यह सिखाया कि हर बच्चा अपनी मेहनत और सही मार्गदर्शन से "पढ़ाई का जादूगर" बन सकता है।

## <u>अध्याय 9 से आपने क्या सीखा</u>
### क्विज़:

1. आरव ने अपनी पढ़ाई में सफलता कैसे हासिल की?

   a. नई योजनाओं और मेहनत से
   b. सिर्फ खेलकर
   c. बिना पढ़ाई के

2. आरव ने अपनी सफलता को देखते हुए अपने दोस्तों को क्या करने के लिए प्रेरित किया?

   a. पढ़ाई का जादूगर बनने के लिए
   b. केवल खेलकूद में ध्यान देने के लिए
   c. सिर्फ टीवी देखने के लिए

3. पढ़ाई का जादूगर बनने के लिए आरव ने कौन-कौन सी चीजें कीं?

   a. छोटे-छोटे लक्ष्य निर्धारित किए और योजनाओं को अमल में लाया
   b. केवल किताबें पढ़ीं
   c. सिर्फ खेल खेला

4. आरव की सफलता ने उसके आत्मविश्वास में क्या बदलाव किया?

   a. आत्म-संतोष और आत्मविश्वास बढ़ा
   b. और अधिक चिंता महसूस की
   c. और भी मेहनत करने की जरूरत महसूस की

## मस्ती भरे सवाल:

1. अगर तुम्हारे पास एक जादुई छड़ी हो, जो तुम्हें पढ़ाई में सफलता दिला सके, तो वह छड़ी किस तरह की होगी और तुम्हारी पढ़ाई में कैसे मदद करेगी? (क्या यह छड़ी तुम्हारी पढ़ाई के लिए नए तरीकों का जादू करेगी, या तुम्हारे छोटे-छोटे लक्ष्यों को पूरा करने में मदद करेगी?)

2. मान लो कि तुम अपनी पढ़ाई की सफलता की एक जादुई पेंटिंग बना सकते हो, जिसमें तुम्हारे सभी अनुभव और उपलब्धियाँ हों। उस पेंटिंग में क्या-क्या होगा और कैसे दिखेगा? (क्या इसमें तुम्हारी मेहनत की तस्वीरें, छोटे-छोटे लक्ष्य, और सफलता के पल होंगे?)

3. अगर तुम्हें अपने दोस्तों को प्रेरित करने के लिए एक जादुई मैजिक शो आयोजित करना हो, तो उस शो में क्या-क्या जादू दिखाओगे और कैसे पढ़ाई को मजेदार बनाओगे? (क्या तुम पढ़ाई के टिप्स, मजेदार एक्टिविटीज, और सफलता के रहस्यों को दिखाओगे?)

4. सोचो कि तुम्हारे पास एक जादुई किताब है, जो तुम्हें पढ़ाई के नए तरीके और मजेदार ट्रिक्स सिखाती है। उस किताब में कौन-कौन सी बातें होंगी और तुम उसे कैसे इस्तेमाल करोगे? (जैसे पढ़ाई के नए तरीके, मजेदार गतिविधियाँ, और आत्म-प्रेरणा देने वाले संदेश!)

5. अगर तुम अपने दोस्तों को पढ़ाई के जादूगर बनने के लिए एक प्रेरणादायक भाषण दो, तो वह भाषण क्या होगा और उसमें कौन-कौन सी बातें शामिल करोगे? (जैसे "सफलता छोटे-छोटे कदमों से आती है" या "पढ़ाई को मजेदार और चुनौतीपूर्ण बनाओ!")

# 10
# शिक्षा का असली अर्थ

"शिक्षा वह है जो तब भी आपके पास रहती है, जब आप भूल चुके होते हैं कि आपने स्कूल में क्या सीखा।"
— बी. एफ. स्किनर

आरव ने अपनी मेहनत और सही पढ़ाई के तरीकों से न केवल अपने अंक सुधारने में सफलता प्राप्त की थी, बल्कि उसने अपने दोस्तों को भी पढ़ाई की नई दृष्टि सिखाई थी। उसकी सफलता की कहानियाँ और उसके दोस्तों के बदलते दृष्टिकोण ने उसे खुशी दी, लेकिन अब वह सोचने लगा कि क्या केवल अच्छे अंक ही शिक्षा का अंत लक्ष्य हैं?

एक दिन, आरव की सोच को एक नई दिशा देने के लिए माधवी मैम और ज्ञान बाबा ने उसे एक विशेष आमंत्रण भेजा। उन्होंने आरव को स्कूल के पुस्तकालय में बुलाया और वहां उसे एक महत्वपूर्ण संदेश देने का निर्णय लिया।

आरव जब पुस्तकालय में पहुँचा, तो उसने देखा कि माधवी मैम और ज्ञान बाबा पहले से ही वहाँ मौजूद थे। उनकी चेहरे पर गंभीरता और प्रसन्नता की मिश्रित भावनाएँ थीं। आरव ने उनके सामने बैठते हुए पूछा, "मैम, बाबा, आपने मुझे यहाँ क्यों बुलाया? क्या कोई नई बात है जो आप मुझे बताना चाहते हैं?"

माधवी मैम ने मुस्कुराते हुए कहा, "आरव, तुमने बहुत मेहनत की है और अपनी पढ़ाई में अच्छे परिणाम भी प्राप्त किए हैं। लेकिन आज हम तुम्हें शिक्षा के असली अर्थ के बारे में बताना चाहते हैं। यह जरूरी है कि तुम समझ सको कि अच्छे अंक लाना ही केवल शिक्षा का उद्देश्य नहीं है।"

ज्ञान बाबा ने अपने प्रिय शिष्य की ओर देखा और कहा, "आरव, पढ़ाई का मतलब केवल किताबों से ज्ञान प्राप्त करना और परीक्षा में अच्छे अंक लाना नहीं है। यह जीवन की एक यात्रा है, जो तुम्हें एक बेहतर इंसान बनने में मदद करती है। सही मायनों में शिक्षा का अर्थ केवल नौकरी या अच्छे अंक नहीं है, बल्कि इसे समझने और सीखने की प्रक्रिया का आनंद लेना है।"

साक्षात्कार का सारः

1. ज्ञान का आनंद लेना:ज्ञान बाबा ने बताया, "शिक्षा का असली आनंद तब आता है जब तुम खुद को जानने और समझने की कोशिश करते हो। जब तुम किसी विषय को गहराई से समझते हो और उस ज्ञान को अपने जीवन में लागू करते हो, तो यह शिक्षा की सच्ची सफलता है। अच्छे अंक केवल तुम्हारी मेहनत का प्रतीक हैं, लेकिन ज्ञान का आनंद और उसकी गहराई समझना शिक्षा की वास्तविकता है।"

2. जीवन कौशल सीखना:माधवी मैम ने कहा, "पढ़ाई का एक महत्वपूर्ण हिस्सा जीवन कौशल भी है। जैसे कि सोचने की क्षमता, समस्याओं को हल करने की कला, और सहानुभूति। ये सब बातें तुम्हें एक अच्छे नागरिक और बेहतर इंसान बनने में मदद करती हैं। इसलिए, शिक्षा का उद्देश्य केवल अंक नहीं बल्कि जीवन के विभिन्न पहलुओं को समझना भी है।"

3. समाज में योगदान: ज्ञान बाबा ने आरव को समझाया, "शिक्षा का मतलब है कि तुम अपनी समाज की सेवा कर सको और दूसरों की मदद कर सको। एक शिक्षित व्यक्ति केवल अपने लिए नहीं बल्कि समाज के लिए भी योगदान करता है। शिक्षा तुम्हें समाज की समस्याओं को समझने और उनके समाधान में मदद करती है।"

4. **स्वयं को पहचानना:** माधवी मैम ने जोड़ा, "शिक्षा तुम्हें खुद को पहचानने और अपने आत्म-मूल्यों को समझने में भी मदद करती है। जब तुम अपनी क्षमताओं को समझते हो और खुद को बेहतर बनाने की कोशिश करते हो, तो यही शिक्षा का असली मतलब है।"

आरव ने माधवी मैम और ज्ञान बाबा की बातें ध्यान से सुनीं और उन्हें महसूस किया कि पढ़ाई का वास्तविक मतलब केवल अंक लाना नहीं बल्कि जीवन की एक यात्रा है। उसने समझा कि शिक्षा का उद्देश्य केवल एक अच्छा पेशेवर बनना नहीं है, बल्कि एक बेहतर इंसान बनना भी है।

आरव ने सोचा, "मैंने पढ़ाई को एक नई दृष्टि से देखा है। अब मैं इसे सिर्फ एक बोरिंग काम के रूप में नहीं देखूँगा, बल्कि इसे सीखने और समझने की एक यात्रा के रूप में मानूँगा। अच्छे अंक तो बस इसका एक हिस्सा हैं, असली शिक्षा तो जीवन की विभिन्न समस्याओं को समझने और उन्हें हल करने में है।"

आरव ने अपने दोस्तों और परिवार को भी शिक्षा के असली अर्थ के बारे में बताना शुरू कर दिया। उसने उन्हें समझाया कि पढ़ाई केवल अच्छे अंक लाने के लिए नहीं है, बल्कि इसे एक बेहतर इंसान बनने के लिए भी देखा जाना चाहिए।

उसने स्कूल में एक छोटे से सेमिनार का आयोजन किया, जिसमें उसने और उसके दोस्तों ने शिक्षा के असली उद्देश्य पर चर्चा की और अपनी कहानियाँ साझा कीं। यह सेमिनार बहुत सफल रहा और इससे स्कूल के अन्य छात्रों को भी यह समझने में मदद मिली कि शिक्षा का वास्तविक मतलब क्या है।

इस अध्याय में, आरव ने सीखा कि शिक्षा का असली अर्थ केवल अच्छे अंक लाना नहीं है, बल्कि यह एक जीवन यात्रा है जो तुम्हें एक बेहतर इंसान बनने में मदद करती है। उसने समझा कि ज्ञान का आनंद लेना, जीवन कौशल सीखना, समाज में योगदान देना, और खुद को पहचानना ही शिक्षा की सच्ची सफलता है।

आरव अब शिक्षा को एक नई दृष्टि से देखता था और जानता था कि सही मायनों में पढ़ाई का आनंद तब आता है जब वह जीवन के विभिन्न पहलुओं को समझने और उन्हें अपने जीवन में लागू करने में मदद करे। उसकी यह नई समझ न केवल उसकी पढ़ाई को मजेदार बनाती है, बल्कि उसे एक बेहतर इंसान भी बनाती है।

# <u>अध्याय 10 से आपने क्या सीखा</u>
## क्विज़:

1. माधवी मैम और ज्ञान बाबा ने आरव को शिक्षा का असली अर्थ क्या समझाया?

    a. केवल अच्छे अंक लाना
    b. ज्ञान को समझना और उसे जीवन में लागू करना
    c. केवल किताबें पढ़ना

2. आरव ने पढ़ाई को किस प्रकार देखने की नई दृष्टि प्राप्त की?

    a. पढ़ाई केवल नौकरी पाने के लिए है
    b. पढ़ाई एक बेहतर इंसान बनने का तरीका है
    c. पढ़ाई केवल अंक प्राप्त करने के लिए है

3. शिक्षा का असली उद्देश्य क्या होता है?

    a. अच्छे अंक प्राप्त करना
    b. जीवन में ज्ञान का प्रयोग करना और सीखने की प्रक्रिया का आनंद लेना
    c. केवल परीक्षा पास करना

4. आरव ने पढ़ाई को एक बेहतर इंसान बनने के लिए कैसे देखा?

    a. केवल अंक प्राप्त करने के रूप में
    b. ज्ञान और समझ को जीवन में लागू करने के रूप में
    c. केवल किताबें पढ़ने के रूप में

## मस्ती भरे सवाल:

1. अगर तुम्हारे पास एक जादुई दर्पण हो, जो तुम्हें शिक्षा के असली अर्थ को दिखा सके, तो उस दर्पण में क्या-क्या दिखाई देगा और वह तुम्हें कैसे प्रेरित करेगा? (क्या दर्पण में ज्ञान की चमकदार तस्वीरें होंगी, या शिक्षा के जीवन में उपयोगी पहलू?)

2. मान लो कि तुम एक जादुई स्केचबुक बना सकते हो, जिसमें शिक्षा के असली अर्थ को रंगीन चित्रों के माध्यम से समझाया जाए। उस स्केचबुक में कौन-कौन से चित्र होंगे और वे किस प्रकार की शिक्षा दिखाएंगे? (जैसे ज्ञान का प्रकाश, समझ की यात्रा, या जीवन में शिक्षा का प्रयोग)

3. अगर तुम्हारे पास एक जादुई पुस्तक हो, जो शिक्षा के असली अर्थ को समझने के लिए मजेदार कहानियाँ और गतिविधियाँ प्रदान करे, तो वह पुस्तक कैसी होगी और उसमें क्या-क्या शामिल होगा? (जैसे प्रेरणादायक कहानियाँ, ज्ञानवर्धक गतिविधियाँ, और शिक्षा का आनंद लेने के तरीके)

4. सोचो कि तुम अपने दोस्तों को शिक्षा का असली अर्थ समझाने के लिए एक प्रेरणादायक वीडियो बना सकते हो। उस वीडियो में तुम क्या-क्या दिखाओगे और कैसे समझाओगे कि शिक्षा केवल अंक लाने से ज्यादा है? (जैसे ज्ञान की महत्वपूर्णता, जीवन में शिक्षा का प्रयोग, और सीखने की प्रक्रिया का आनंद)

5. अगर तुम अपनी पढ़ाई की सफलता को एक जादुई यात्रा के रूप में देख सकते हो, तो उस यात्रा में कौन-कौन से पड़ाव होंगे और तुम किस तरह से उन्हें पार करोगे? (जैसे ज्ञान की नई ऊँचाइयाँ, समझ की नई दिशाएँ, और जीवन में शिक्षा का महत्व)

# सन्देश

### पढ़ाई में सफलता के लिए तीन प्रमुख तत्व

आरव की कहानी यह सिखाती है कि पढ़ाई में सफल होने के लिए केवल कठिन मेहनत ही पर्याप्त नहीं होती। इसके साथ-साथ सही तकनीक और आत्मविश्वास भी उतना ही जरूरी है। सही तकनीकों में माईंड मैप्स, समय प्रबंधन, लक्ष्य निर्धारण, और रिवीजन शामिल हैं। इन तकनीकों को अपनाने से पढ़ाई बोझ नहीं लगती, बल्कि एक मजेदार और प्रभावी यात्रा बन जाती है। आत्मविश्वास, यानी खुद पर भरोसा रखना, हर कठिनाई का सामना करने में मदद करता है और सफलता की ओर पहला कदम होता है।

൬൭

### शिक्षा का असली अर्थ

शिक्षा का उद्देश्य केवल अच्छे अंक प्राप्त करना नहीं है। असली शिक्षा वह है, जो हमें जीवन के विभिन्न पहलुओं को समझने और उनसे निपटने की क्षमता प्रदान करती है। ज्ञान को समझना, उसे अपने जीवन में उतारना और उसे दूसरों के भले के लिए उपयोग करना ही सच्ची शिक्षा है। एक शिक्षित व्यक्ति न केवल खुद को बेहतर बनाता है, बल्कि समाज के लिए भी प्रेरणा स्रोत बनता है।

൬൭

आरव की कहानी बताती है कि शिक्षा की सही समझ और उसका सही उद्देश्य क्या होना चाहिए। पढ़ाई में सफल होने के लिए मेहनत, सही तकनीक, और आत्मविश्वास जरूरी हैं, लेकिन शिक्षा का असली मूल्य तब है जब वह हमें एक बेहतर इंसान बनाने में मदद करे। इसलिए, हमें पढ़ाई के साथ-साथ जीवन कौशल, सोचने-समझने की शक्ति, और सहानुभूति जैसे गुण भी विकसित करने चाहिए। यही सच्ची शिक्षा है।

# माइंड मैप

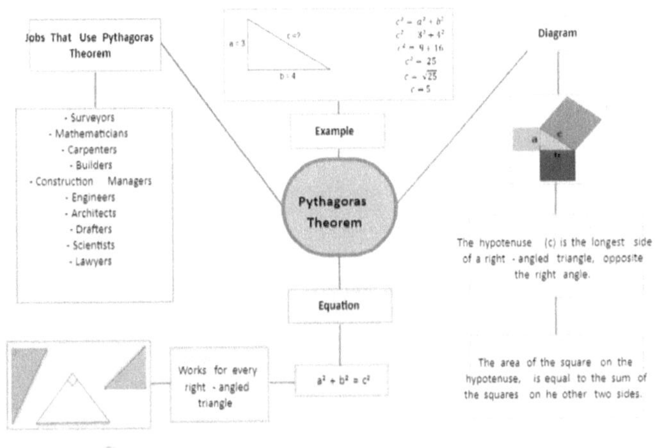


Mind Map for Pythagoras Theorem

# फ्लैश कार्ड

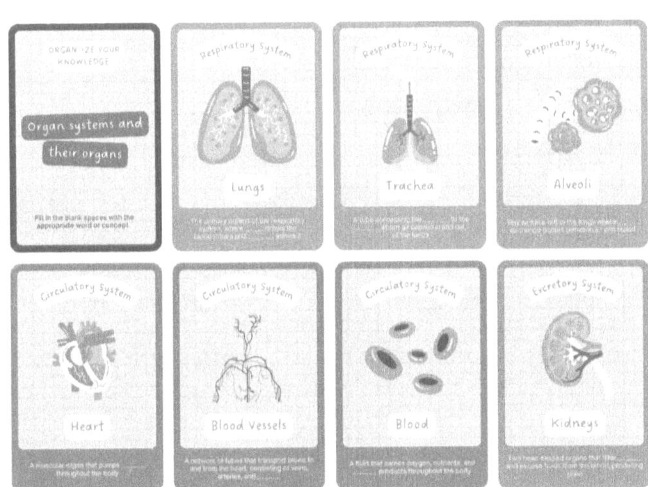


Science Flash Card